JN410728

현대문예 작가선 · 168

하동송림의 마음

❙최증수 제4시집❙

현대문예 작가선 · 168
하동송림의 마음 ❙ 최증수 제4시집

지 은 이 / 최 증 수
발 행 인 / 황 하 택

찍 은 날 / 2023년 8월 21일
펴 낸 날 / 2023년 8월 25일
발 행 처 / 도서출판 현대문예

주　소 / 광주광역시 동구 천변우로 361-6
전　화 / (062) 226-3355 팩스 / (062) 226-3354
cafe.daum.net/ht3355
E-mail / ht3355@hanmail.net

등록번호 / 제05-01-0260호
등록일자 / 2001년 12월 31일

정가 10,000원
ISBN 978-89-94028-92-7(03800)

* 본 시집은 (사)한국예총 하동지회의 2023년도 지역문화예술 문예창작활동 지원금을 보조받아 발간하였습니다.

한국화가 이호신 님의 하동솔숲

배옥이 할머니를 모신 가족 사진

자서 自序

소나무가 그곳에 있어 송림에 갔습니다.
멍하니 서 있다가도
가끔 송림의 마음을 엿보았더니
벌써 76편의 손맛 나는 글이 되었습니다.
읽으시면서 기뻐하는 모습 보고 싶습니다.

2023년 여름, 인연에 감사하며
최 증 수

격려사

소나무 같이 푸르르고 영원하리라

문학을 알면 사람이 보인다고 하였다. 그러하듯이 하동하면 소나무 시인 최증수 시인이 떠오른다. 소나무란 두 개 잎이 모여 핀다. 자연과 인간은 음양 조화로운 그 자체로서 영원하다. 이뿐아니라 소나무란 건축 목제며 화목으로서 소나무는 모든 인체와 생명을 사철 푸르러 인간들을 행복케하여 준다. 이러한 소나무가 조상대대로 가꾸어 오는 하동 송림을 사랑하고 빛을 내기 위하여 최증수 시인은 "하동 송림의 마음"이란 시를 창작 발표하였다.

섬진강 고요한 흐름 속에 인품이 절절히 묻어 숨 쉬는 작품들을 읽고 있노라면 삭막한 세상 보기드문 새로운선비로서 우리 모두에게 귀감이 되어 다가온다.

최증수 시인의 문운을 기원하면서 제4시집 『하동송림의 마음』 발행을 깊은 마음으로 축하하고 제5집을 간절히 기다리는 바이다.

사)대한민국문학메카본부 이사장
현 대 문 예 발행인 **황 하 택**

** 하동송림의 마음

자서 ■ 5
격려사 ■ 6

1 하동사랑

하동찬가 · 5 ■ 15

하동찬가 · 6 ■ 16

내고향 남포동 ■ 17

하동포구 이야기 ■ 18

섬진강 재첩 ■ 20

대경아파트 ■ 22

지리산 등정 ■ 24

하동 땅 하동 농부 ■ 25

숭어의 귀환 ■ 27

섬진강 숭어 ■ 28

2 송림사랑

덩실대는 하동송림 ■ 31

송림 찬가 · 3 ■ 32

송림 찬가 · 4 ■ 33

꽃무릎 초원 ■ 35

봄소풍은 송림으로 ■ 37

태양송 · 7 ■ 38

하동송림 소나무 ■ 39

세박자 타령 ■ 40

분수 ■ 41

맛있는 햇볕 ■ 42

3 인생의 단편

그늘과 어머니 ▪ 45

정신의 승리 ▪ 46

나는 누구입니까? ▪ 47

삶도 삶 나름 ▪ 48

나를 과분하게 생각하다면 ▪ 49

꺼내주면 당신의 하인이 되겠소 ▪ 50

어떤 인생 ▪ 52

참된 인생 ▪ 53

인생은 타이밍 ▪ 54

제자리 ▪ 55

나를 구별하는 것들 ▪ 56

흰구름과 하늘 ▪ 57

악의 꽃 ▪ 58

반닫이 ▪ 59

잡초의 교훈 ▪ 60

4 하동송림의 마음

하동송림의 마음 · 그림 ▪ *63*

하동송림의 마음 · 1 ▪ *64*

하동송림의 마음 · 2 ▪ *65*

하동송림의 마음 · 3 ▪ *66*

하동송림의 마음 · 4 ▪ *67*

하동송림의 마음 · 5 ▪ *69*

하동송림의 마음 · 6 ▪ *70*

하동송림의 마음 · 7 ▪ *71*

하동송림의 마음 · 8 ▪ *72*

하동송림의 마음 · 9 ▪ *73*

하동송림의 마음 · 10 ▪ *74*

하동송림의 마음 · 11 ▪ *75*

하동송림의 마음 · 12 ▪ *76*

하동송림의 마음 · 13 ▪ *77*

하동송림의 마음 · 14 ▪ *78*

하동송림의 마음 · 15 ▪ *79*

하동송림의 마음 · 16 ▪ *80*

하동송림의 마음 · 17 ▪ *81*

하동송림의 마음 · 18 ■ *82*
하동송림의 마음 · 19 ■ *84*
하동송림의 마음 · 20 ■ *85*
하동송림의 마음 · 21 ■ *86*
하동송림의 마음 · 22 ■ *87*
하동송림의 마음 · 23 ■ *89*
하동송림의 마음 · 24 ■ *91*
하동송림의 마음 · 25 ■ *92*
하동송림의 마음 · 26 ■ *93*
하동송림의 마음 · 27 ■ *95*
하동송림의 마음 · 28 ■ *96*
하동송림의 마음 · 29 ■ *97*
하동송림의 마음 · 30 ■ *99*
하동송림의 마음 · 31 ■ *100*
하동송림의 마음 · 32 ■ *101*
하동송림의 마음 · 33 ■ *103*
하동송림의 마음 · 34 ■ *104*

하동송림의 마음 · 35 ▪ 105
하동송림의 마음 · 36 ▪ 106
하동송림의 마음 · 37 ▪ 107
하동송림의 마음 · 38 ▪ 109
하동송림의 마음 · 39 ▪ 110
하동송림의 마음 · 40 ▪ 111
하동송림의 마음 · 41 ▪ 112

5 기타

한국문학인대사전 ▪ 115
학술대회 인사말 ▪ 116
돌탑을 쌓으며 ▪ 118
이병주 선생님께로 가는 길 ▪ 124
제13주기 추모식 경과보고 ▪ 127

* 평설 ▪ 130

하동 찬가·5

하동 땅에 흘러온
백두대간 기운으로
發福 깃발 휘날리니
하늘의 뜻인가
큰 인물 이어 나고,

선유동천 이상향의
산, 강, 바다와
不二鄕 신바람이
청학 깨워 춤추니
하동은 한국의 별천지.

높고 큰 시선으로
하동 사람 자랑하듯
첨단 산업 일으켜
살기 좋은 터전에
위대한 새 도시 세워

한다사의 꿈 빛내는
당당한 기백의 선비들
자신의 뿌듯한 삶 살며
불타는 애향심으로
하동 정신 꽃 피운다.

하동 찬가·6

지리산 기운 받아
선조 얼 깃든 땅
비 오니 풍년 들고,
애쓴 보람 꽃 피자
차 향기 더욱 짙어

깨달음 이끄는
쌍계사 범종소리
신선님 모셔와
청학 깨워 춤추니
신바람 일고,

모두가 잘 사는
세상 빛내고자
구름처럼 모여
해맑은 표정으로
행복을 노래하니

아이처럼 기뻐하는
웃는 얼굴 보고,
좋은 곳에 산다며
손뼉 친 고운 님아
河東에서 함께 살자

내고향 남포동

어릴적 고향 노래 다시 부르니
얼마나 그리웠던지 눈물 나네
이름도 정다운 내고향 南浦洞.
부모님의 사랑 거룩하며
응석 받아준 선배들 고맙고,
친구와 고인돌 찾아 뛰논 추억
뜨거운 가슴에 담아
애면글면 本土 가꾸는데,
고향 떠난 사람들 돌아와
산토끼와 꿩도 찾는 새집 지어
두레에 모여 달디단 情 나누니
논밭의 곡식은 저절로 익고,
고려 말 70여 년간의 남해현청과
仁川書院 있던 양반 동네답게
玉樹들 글 읽는 소리 낭랑하며
산 좋고 물 맑아 三災 모르니
살림살이 탁탁하고,
순박하고 어진 마음으로
함께 즐기는 신나는 마을
언제나 웃음과 행복이 꽃핀답니다.

하동포구 이야기

뜨거운 숨결의 내륙 항구 하동포구는요
내 눈에 처음, 지구에서 오직 한 곳
두꺼비가 나라 지킨 성스러운 현장이요
진시황도 보고팠던 천혜자연 별천지라.
천지만물 깨어나고 하동천사 노래 하니
지리산의 높은 정기 우렁우렁 울연하고,
오대양 힘찬 물결 남해가 퍼 올린다.
애타게도 섬진강의 옛 이야기 그리웠나
이상향 꿈꾼 신선 청학동 찾아오자
『토지』의 박경리와 이병주의 『지리산』과
범패와 동편제로 희로애락 달아올라
하동의 푸른 미래 햇살처럼 빛날 줄이야!
어기여차 에여라차 영호남이 함께 웃는
부모님의 품속에서 곱게 자란 자식들이
금자동이 공부시켜 국가동량 기르시며
농사짓고 고기 잡아 살림살이 넉넉하고,
가족 같은 이웃 인정 모두모두 얼씨구나.
꽃이 피니 나비 오듯 봄이 주는 기쁨인 양
벚꽃이 폭발하니 배꽃들은 더욱 희고,
관광객 어쩌자고 몰려와서 즐기는가?
갈피 모를 그리움은 청산에서 생기발랄

세세연년 강과 들이 풍요 속에 풋내 띠고,
부얼부얼 하동사람 오감 소풍 신바람 속
삼삼오오 떼를 지어 순정 추억 깔깔대는
천하제일 삼포지향 사랑하는 기쁜 마음
철든 하동포구 자랑삼아 이야기한다네요.

섬진강 재첩

재첩은 맛이 있소.
'후루룩, 후루룩' 마시는 멋도 있고,
섬진강 헤집고 헤집어 맛 모은 재첩
그 맛, 나를 길들인 어머니의 손맛
세상에 이보다 좋은 맛 없소.
민물과 바닷물 섞인 기수역에서
산과 바다의 맛 우려내니
신선도 반한 최고의 맛 덩어리요
재첩의 신비 녹인 어꾸수한 맛보면
진한 국물에 혀가 춤춘다오.
상상도 못한 맛보며
미식가가 즐기는 장수음식
맛깔스러운 맛난이 재첩.

재첩은 이름이 곱소.
'재첩, 재첩' 아름다운 소리 나고,
큰 강물 조리고 조려 위장에 담은 재첩
힘차게 강심수도 모으니
꿀 같은 물맛 넘치고 넘친다오.
손틀어업 어부의 땀과
섬진강 생명수의 울림 따라

물결이 장단 맞춰 풍미 쏟으면
헛헛한 밥통 속의 강물들이
입맛 내느라 바쁘다오.
상상도 못한 맛보는
하동의 향기 품은 건강식품
이름도 고운 맛난이 재첩.

대경아파트(하동대경송림타운)

보라!
하늘의 정기와 땅의 힘줄기로
우뚝 솟은 아파트.
갈마산이 치켜세우고,
섬진강이 따뜻하게 품은 要地를
송림이 푸른 기운으로 감싸주니
사람 살 곳 으뜸이다.

물 같은 마음과 해의 열정으로
서로 돕는 인정이 곱고,
이사 오길 잘했다며 자랑하느라
만나는 입주민마다 활기 넘쳐
언제 봐도 씩씩하고 아름답다.

하동읍 경서대로 71에
행운과 부귀가 제 발로 와
집집마다 건강과 사랑 넘치고,
살아갈수록 情이 더해진
30년 이웃 소통의 자랑이
온기를 더해 신참도 반긴다.

음악분수의 빛과 음악이
즐거움과 꿈꾸는 리듬주어
찬란한 미래를 앞장서 이끄니
파랑새 날고, 젊음이 춤추며
웃음 따라 福이 온다.

오!
천지신명이 함께 하시어
천년만년 지켜주시니
가족끼리 힘 모아 탑 세우고,
모두들 뜻대로 소원 이룬다.

조용히 살아도 사람이 존경받는
편안하고 아늑한 대경아파트.
물, 전기, 가스 걱정 없어
나도 좋고, 우리는 더 좋은
하동의 제일류 보금자리라!

지리산 등정

한 노인의 오백 번 등정 소식에 놀라
칠십년 인생무게로 지리산 올랐네.
마른 몸에 땀나고 발걸음 가벼우니
천왕봉이 이끌며 산신령이 밀었을까?
산행은 마음을 씻으며 나를 찾는 여행.
정상에 우뚝 선 기쁨이 하늘에 닿았는지
만리 운해 내려 보니 큰 뜻 보이고,
해 뜨고 달 지는 이치 알 듯도 하다.
큰 봉우리들과 넓은 땅 발아래 두니
천왕과 신선의 德 스스로 본 받고,
아름답고 웅혼한 기상 움켜잡아
평생에 못 이룬 꿈 새로 꿈꾼다.
물맛이 신비한 개울이 노래하고,
희귀한 산야초와 야생화가 지천인
어머니 품처럼 푸근한 聖人의 산
모두가 바라는 불로장생의 신세계를
백두대간 정기와 섭리에 힘입어
당신을 어떻게 사랑할 것인가를 걱정하며
때 묻지 않은 몸으로 다시 찾으리.

하동 땅 하동 농부

지리산과 백두대간 정기 받은
산과 강 그리고 바다 있어
삼포의 이상향인 별천지에서
하늘과 자연에 순응하는
토속의 참 일꾼 하동 농부.

건강하며 인심 좋고 인정 많아
사람마다 집집마다 웃음소리
들판마다 마을마다 비닐하우스
세계 최초라며 자랑하는
드론으로 첨단 농사 부자 농부.

감, 밤농사와 배, 매실 재배
세세연년 어거리풍년 기뻐하고,
편편옥토에서 잘 자라 풍덩한
무, 배추, 파, 감자, 시금치, 토마토
야생차, 산나물, 산양삼, 양다래
고사리, 도라지, 옥수수, 산딸기
미나리, 양상추, 아로니아, 블루베리
달착지근 달곰새금하여
풍미 좋고 영양 많아 몸에 좋은
산골향기 토경 재배 자연식품.

넓은 들과 심산계곡 자연 방사
토종 한우와 한돈과 흑염소를
발효 솔잎, 푸성귀로 살찌우니
농업교과서 첫 머리에 쓰일
자연 농법의 하동 농부 좌뜬다네.

숭어의 귀환

가을철 숭어는 귀한 손님
오대양을 거침없이 유영하다
기수 역 찾아 하동에 오면
곳곳에서 환영 준비 바쁘다.
무동산 푸른 숲은 더욱 푸르며
송림의 소나무는 초록으로 단장하고,
백사장 모래는 잔칫상 마련한다.
흙탕물 씻느라 애쓴 섬진강물
물고기 놀기 좋게 강을 호수로 만드니
낚시꾼 웃으며 파란 눈길 준다.
백로는 낮게 날며 응원하고,
흰 구름은 조명으로 분위기 띄우면
물오른 숭어들 떼 지어 오르다
힘자랑 끼 자랑 하고파
높이뛰기 멀리뛰기 경주한다.
은백색 번쩍이며 다섯 번 뛰면
집나간 입맛 돌아오게 하는 秀魚
딩신의 귀환을 닊대로 반긴다.

섬진강 숭어

강물의 아름다운 율동 속
펄쩍대는 숭어의 도약은 나의 로망.
강바람이 살랑살랑 나뭇잎 흔들어
나의 수고를 덜어주면
숭어는 다시 한 번 더 공중으로 뛰어 오른다.
작은 질책에도 기죽어 살다 보면
간섭받지 않은 상처도 부러워
보기 싫은 흉터 딱지 감추지 않지만
그게 뭐 대수일까?
이것저것 염치 따지기 전
치밀어 오르는 분노에 얼굴 붉어지자
어디서인지 모를 용기가 솟는다.
자, 이제 시작이다.
거센 세파 헤쳐 나갈 타이밍에 맞춰
숭어의 다섯 번 도약이 멋지다.
모래 속 재첩이 발가락 간질일 때쯤
제발 나도 승천하는 숭어가 되고 싶다.

2 송림 사랑

덩실대는 하동송림

파랑새가 찾아오는 하늘아래 별천지에
푸른빛깔 더욱고운 낙락장송 솔밭천지
꼬마들은 왁자지껄 젊은이들 모두쌍쌍
웃는얼굴 예쁜마음 풍류랑이 시를쓰고,
오대양의 거친숨결 하동포구 감싸주니
덩실대는 하동송림 온몸으로 기뻐한다.

오는봄이 손뼉치면 짙은녹음 내려앉아
다정스런 모습으로 푸른노래 읊조리니
솔가지는 팔랑팔랑 솔뿌리도 삐웅삐웅
하동젖줄 섬진강물 파란물빛 더욱맑아
오대양의 힘찬기운 하동포구 받쳐주며
푸른솔을 보듬으니 하동송림 덩실댄다.

송림 찬가·3

세월과 정성에 보답한
솔 향기 가득한 성지 송림.
비너스 신의 나무, 소나무
나와 함께 웃는
우람한 수간의 생명력
뻗어가는 가지의 우아함
땅가물에도 신나는 뿌리
푸른 솔잎이 그린 녹색
한 아름 가득 머리에 이고,
기쁘게 다가오는 그리움
수천 그루의 낙락장송.
하동을 푸른 도시로 만들
숲의 새 시대 알리며
늘푸름으로 희망 주는
소나무의 씩씩한 기상을
세상에 자랑하는 보람과
신성수와 성주목의 신비를
생일 선물로 받은 행운.
웃음보가 터질 듯 담아
너를 지킨 내 보람 찾으니
저절로 솟아나는 즐거움
목청껏 숲을 노래한다.

송림 찬가·4

녹색 숲의 자색 안개
신선 얘기 들려주면
섬진강의 물결 따라
풍류랑들 찾아올 때
푸른 잎은 가슴열고,
나뭇가지 위로 뻗어
아름드리 낙락장송
나무내음 송진 냄새
코에 넣고 맘에 담은
자랑스런 발걸음이
초록노래 따라가면
송림 산책 활기차다.

땅기운의 푸른 마음
자연스레 맑은 고요
섬진강물 잠재우고,
소나무가 목신 되어
하동사람 보살피면
고운햇살 방긋방긋
나무마다 웃음주고
나의 정성 내 사랑이

너를 맞을 녹음 늘려
푸른 솔숲 고운 인연
청실홍실 등에 달고
천년만년 꽃피운다.

꽃무릎 초원

태양이 지쳐 풀죽은 끝자리
혹한의 채찍에 만물 숨죽이고,
시들은 풀들 메말라 황량해도
홀로 푸르고 푸른 꽃무릎 보소.
남새밭에 무성한 희망처럼
숫눈 위에 얼음 꽃으로 핀 모습
세상에 하나 뿐인 雪上의 초원.
섬진강물의 산과 바다 기운을
때맞추어 배달한 풍요의 비와
농부의 열정으로 햇볕이 키운 잎을
따뜻한 문안 온 착한 사람들이
초록과 생명으로 더욱 짙게 색칠하니
눈병 고치는 녹색의 효험 나타나며
소띠와 말띠들 신나게 풀밭 찾고,
녹색 미치광이의 가슴 속 초원처럼
꽃무릎의 행복 꿈 꾼 행운아들
얼음 박힌 동상 이겨낸 푸른 잎 보며
몸부림 친 땀으로 젊음 되찾았다오.
붉은 꽃 피워 올릴 뜨거운 여름 위해
소나무 경비원이 꽃무릎 초원 지켜도

相思의 연인들 푸른 상사화에 미치고,
남편 앞세운 여인의 발걸음 가볍다오.

봄소풍은 송림으로

소풍 온 아이들 귀엽게 와글와글
소나무 밭에 새 봄이 왔나봐.
아장아장 걷는 모습 아유 깜찍해
조르르 심어진 나무 사이 환하다.
먼저 온 구경꾼 손뼉치고,
신난 비둘기 쫑쫑대며 따라가니
꼬까 손 흔들며 활짝 웃는다.
아이는 웃음 천사, 귀여운 요정
꿈 꾼 솔향기가 온 몸 휘감고,
따라나선 볕뉘가 온기 준다네.
두 아름 소나무 아래 옹기종기
모두 모여 기념사진 찍으며
"웃어요, 예뻐요, 크게 웃어요."
바람이 손뼉치고 강물도 소리치고,
새잎 낸 어린 풀들
"그래그래 같이 웃자"
색색깔 아이들 지나간 자리마다
웃음꽃 피고지고 사람 꽃 새로 피니
소나무도 얼떨결에 애기꽃 피우려
푸른 잎 흔들며 꽃그림 그린다.

태양송 · 7

보자마자 내 마음 휘어잡은
홍송은 불같은 열정의 태양송
뭇 사람들 두 손 모으고 우러른다.
햇볕으로 탄 껍질 더욱 붉고,
겨울엔 성난 사자처럼 포효하니
질주하는 무사의 긴 철장이요
센 바람에도 끄떡없는 나라사랑 단심은
으뜸 나무의 자랑스러운 표상.
아무것도 안하는 게 하는 것이라며
붙박이의 참고 견디는 힘 보이고,
낙락장송의 장엄함 자랑한다.
여럿이 모이면 단풍보다 붉어
황금으로 칠한 붉은 망토 입고,
태양의 불로 만든 왕관 쓴 모습
왕의 권위로 만물 지배하니
태양송이 붉으면 세상이 붉어진다.
불꽃처럼 이글거리고 반짝이는
나무의 태양, 송림의 태양송은
하동의 자랑이요 우리나라의 보물
이제야 별천지에 신바람 분다.

하동송림 소나무

아름다움 자랑하는 푸른 그리움
하동송림 소나무는 서로 손잡고
하동송림 소나무들 같이 웃는다.
섬진강 물결 따라 콧노래를 부르면
하동사람 신바람 하늘을 난다.

파란 꿈을 꽃피우는 높은 열정의
하동송림 소나무위 파란 하늘은
하동송림 소나무의 푸른 절개라
지리산 높은 정기 하동 땅에 흘러와
하동사람 가슴에 꽃으로 핀다.

태양처럼 솟구치는 힘찬 활화산
하동송림 소나무속 붉은 단심은
하동송림 소나무의 자랑입니다.
충성심 높고 높아 하늘까지 닿으니
하동사람 모두다 애국자라오.

세 박자 타령

시인 묵객들이 詩想 다듬던
섬진강가의 백사와 청송은 세 박자.
강물이 흐르다 리듬 타면
백사와 청송은 덩달아 신나고,
강 박자로 강물의 첫 소리 요란하자
백사와 청송이 수그러지고 약해진다.
강약약의 반복 리듬이 어울려
경쾌한 세 박자 스텝 시작되면
유람 온 벗님들 신바람 나
목청껏 옛 노래 부르며
어여차 에여라차
즐겁게 圓따라 어깨춤 출 때
춤추는 아이답게 무동산이 왈츠 추고,
솔바람과 푸른 기운이 따른다며
나뭇가지 사이로 휘젓고 다닌다.
강물이 때때로 백사를 목욕시키면
감동한 백사는 은빛으로 반짝이고,
청송은 둘의 우정에 박수치니
봉사와 빛남과 응원의
세 박자 타령이라며 무동산이 웃는다.

분수

한여름에 소낙비 맞는 분수
서로 다른 물방울의 향연.
쏴쏴 소리 내는 비의 낙차나
막 쏟아지는 분수의 처절함은
서로의 아름다움 보여준다.
분수 속의 아이들은 장난꾸러기
푸른 솔 기운이 응원하고,
무지개가 둥글게 뜨면
너도나도 빵시레 웃는 얼굴에
기쁨의 함성 드높고,
물총 들고 아장대는
발가벗은 몸뚱이에
물의 차가움과 즐거움 있다.
신난 장난 거들려는 부모들
자식 키운 보람에 손길 더하니
분수는 비로소 순간을 즐긴다.

* 분수 : 하동송림 바닥분수

맛있는 햇볕

빽빽한 나무들 낮에만 싸운다.
거목은 거침없이 목청껏 소리치고,
솔포기는 모기 소리로 외침을
감탄사가 찔찔 울면서 지켜보고,
시샘은 얼굴에 철판 깔고 깔깔댄다.
다들 마들가리 가진 친구만 좋아하고,
나뭇가지 치워달라며 노려볼 때
내 자리는 내 권리라며 비웃고,
눈 부라리며 멀리 나가라고 악쓰니
생각이 아름다운 말하는 꽃은 시든다.
바람이 꼬리 흔들며 싸움 말려도
맛있는 한 줌 햇볕 차지하려고,
인정과 이웃 사랑 팽개치며
배고픈 영혼끼리 또 다시 싸운다.
모양이 개잘량인 못난 나무들의
기승전결 없는 목숨 건 다툼도
서산 노을 따라 뜨거운 해 넘어가니
비로소 숨어 잠자던 우정 깨어나고,
낯 붉히며 싸운 부끄러운 불발탄을
조용히 반성하며 고개 숙이니
밤의 평화가 모림에 이불 펼친다.

3 인생의 단편

그늘과 어머니

인생의 心通 찾다가 만난
그림자의 삶 사신 어머니.
하늘과 운명 말하지 않았지만
나무 그늘은 어찌나 좋아하시든지
뜨거운 한 낮에 보리밭 매다가
찬 물 한바가지 들고 찾은 곳.

초록의 빛깔을 곱씹어 보게 하듯
찾아낸 보이지 않는 싱싱함을
마음으로 받아 속으로 삭인 그늘!
아무도 모르는 땀과 눈물 배인
살결이 거슬리고 탄 생명의 일터요
맘 편히 누리시는 시원한 안식처.

어머님 숨결이 곧 내 집인데
새 옷과 큰 정성의 정화수로
갈 수 있을 때 가도록 빌어주는
한량없는 그늘의 한 평생 덕분에
용기와 끈기로 운명 끌어안고,
자신의 아름다움 가꾸는 자식들.

정신의 승리

역사는 승자의 기록이라는데
역사서 어디에도 기록이 없는 나.
되돌아보니
형편 따라 세월 따라 산 것 뿐
건곤일척의 승부수도 없이
승자의 전승비에 박수만 쳤지요.
그래도
운명 앞에서 무력했던 하자보수와
옛 일 되돌아보고 추억하면서
詩찾아 땀 흘리는 오늘을 살고,
미래에 서서 현재를 평가하지요.
앞으로
세상의 깊은 허기를 만나도
山에서 나를 내려다보며
멀리 보이는 세계 너머의 일과
아무도 상상치 못한 영광 위해
패자의 울분이 아닌
역사의 초고 쓰는 열정으로
내 정신의 승리를
왜곡과 생략 없이 기록하겠소.

나는 누구입니까?

아유, 올 겨울은 더 추워
호들갑 떨지 말고 북극 보렴.
눈보라 치는 혹한의 해빙 위
얼음집 이글루에서 한칩하는 에스키모.
온 세상이 얼어 죽을 것 같은
참담하고 쓸쓸한 고립무원 속
깨어나는 수억 년의 절대 고독.
나는 누구이며 왜 여기 있나
내가 알았던 나, 몰랐던 나
꼭꼭 숨어있던 나, 남모르게 꿈꾸던 나
내 속의 또 다른 나
가상현실을 살 미래의 나
차가운 얼음이 비춰줄 때 마다
신비한 오로라 보며 외친다.
나의 주름은 무엇이며
오늘을 사는 나는 누구입니까?
아마도
있다가도 사라지고, 없다가도 나타나는 존재
그래도, 고독의 시간을 갈아
나다움을 좀 더 알아보렵니다.

삶도 삶 나름

높게 바라봐야 보이는
제 이름 새겨진 보름달과
내 영광 기록된 홍패
꿈인지 생시인지 몰라도
눈 감으니 보인다.
실수 없는 삶으로 완벽 추구하고,
능력치 초과하며 동분서주한
눈물과 땀의 결정인가?
아마도
상투가 국수버섯 솟듯하면서
열정 팔고도 부끄러운 줄 모른
뼈와 살 헌납한 보상이요
새침데기 골로 빠지듯
고통 받는 이웃 외면하고,
동전 위 춤추며 얻은 성과.
언젠가
폭풍이 세월 휙 날려버리고,
게으름뱅이 시간이 풍화되면
빌딩 지어진 보름달엔
레이저 샹들리에 찬란하고,
벌레 좀 먹은 홍패엔
숭숭 뚫린 구멍만 보이리.

나를 과분하게 생각한다면

날은 춥고 잘 곳 없어
마음이 쓰라리게 아프고 아파
살아갈 이유 없어도
어디서나 삶은 있는 것.
서로 말 통하지 않아
울음을 밥 먹듯 하다 보니
슬픔의 그릇 커져도
길이 보이는 큰 생각 담아
당신 손 따뜻이 잡아주고,
느릿느릿하다 과거 속에 버려질까봐
매초 매분 시간에 쫓기면서도
네가 물을 때까지 기다리는
나를 과분하게 생각한다면
어리석음 깨우치는 매로 알아
어둠속에서도 아름다움 찾는
빛나는 심성 가꾸겠다.
철 늦어도 꽃은 피 듯
세파에 용감히 맞서는 삶 가꾸다
얼음 한파에도 새해 소원 성취의 마법 일어나면
뜻밖의 기쁨과 환희로
꿈꾸는 우주 창조한 뒤
나의 진지한 본마음 펼쳐 보이며
내 인생을 너에게 맡길게.

꺼내주면 당신의 하인이 되겠소

거래를 틉시다. 꼭
너무나 절박하여 두 말 않겠습니다.

무너진 건물이 온 몸 짓누르고,
추위와 배고픔이 순간을 괴롭히며
체온이 급격히 빠져 나갑니다.
살아 숨 쉬는 것
눈으로 구조대원을 보는 것
말로써 호소하는 지금이 다행이지만
내 동생은 더욱 심각하답니다.
팔로 머리를 감싸줘도
언니의 안타까운 마음뿐입니다.

골든타임 지난 급박한 때에
탯줄 단 신생아가 구조되고,
살아 구조되어도 삶이 절망적이며
죽은 시체도 가방에 넣어 방치하고,
또 언제 건물이 무너질지 모른다며
아우성으로 지옥 같다니 세상에나
지진이 준 벌이 너무 가혹합니다.

저희 자매를 구해주십시오.
"우리를 꺼내주면 당신의 하인이 되겠소."
일곱 살 인생으로 애원합니다. 제발
이 거래는 제 평생 유효합니다.

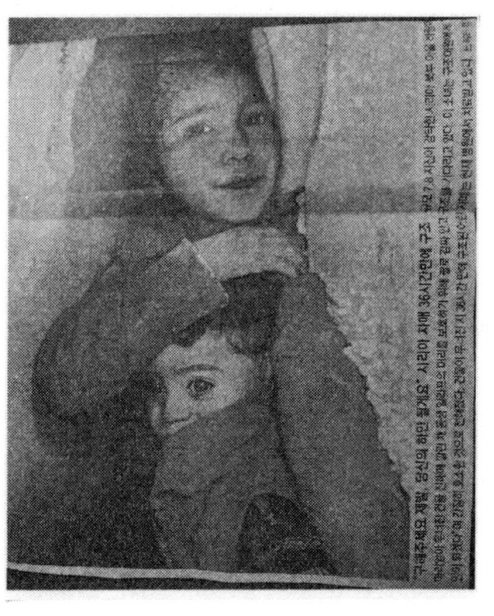

* 튀르키예의 대지진을 보고.
* 이 글이 자매에게 전해져 희망의 메시지가 되길 바랍니다.

어떤 인생

예약된 시각, 예정된 곳에서
인생의 꿈 가꾸는 사람들
오늘도 축복의 하루가 열린다.
누구는 상상도 못하는 처지에서
생명의 업보 위해 뛰고 넘어
시간 보듬으며 섭리에 맞설 때
비 내리고, 바람 불어 꽃 피니
또다시 그렇게 주어진 길 간다.
심장이 뛰고, 이상이 이끄는 대로
세월 가고, 세월 따라 나도 가니
신이 주신 행운 만난다네.
우주의 기운과 찬란한 별빛이
밀어주고 안내하는 대로
널 만나려 눈 쌓인 설산 오르겠다.
정해진 운명 따라 순명으로 살지만
아름다운 인연이 우리를 엮기에
흘러가는 구름도 가슴으로 반긴다.
아! 나는 언제 어디로 가서
성공과 좌절 돌에 새길까?

참된 인생

편안함이 게으름 타더니
옳지 않는 것 믿는다면
두려움 겁내는 삶처럼
누가 봐도 덜된 인생
한창 때라도 딱하고,
평소 빵시레 웃는
수연한 내 얼굴이
갑자기 큰 벼락 맞아도
상상하고 꿈꾸는 진실은
옳은 것이기에 의심 않고,
벅찬 삶에 짓눌려도
꿈 찾아 사막도 헤맨다.
겨울이 우릴 가깝게 만들 듯
작은 힘이라도 보탠다고
재해로 집 잃은 사람의
큰 사고 위로한 뒤
남 먼저 아픔을 공감한
이웃 돌보는 사랑은
누가 봐도 참된 인생
늙어가도 아름답다.

인생은 타이밍

타이밍은 때맞춰 기회 잡는 것.
만차 주차장을 세 바퀴째 돌때
급히 차 빼는 운전자의 뒷모습은
얼마나 아름다운지요?
시작과 멈춤으로 세계를 주름 잡은
잘 나가는 사람들의 성공담은
빨리 살다 빨리 죽을 뻔한 얘기.
시간이 삶을 결정하는
인생 살다보면 별일 있다지만
아무나 못하는 벅찬 일을
내 힘으로 거뜬히 처리해도
능력보다 運이라고 수군대면
그들에게 믿음 못준 게 만시지탄.
그래도 내가 바라는 것 있다면
개천에서 용 나듯 무지렁이들
잘 살겠다고 몸부림치면서
물 때 썰 때를 제대로 알고,
제 때 운수 만나 출세한다면
하등 인생 타이밍도 때 만난 好機
맷집 견디며 오늘도 뜁니다.

제자리

낮달은 존재만으로도
우주의 질서 안심되듯
제자리 지키는 일은
사람이 살아가는 기본.

여긴 어딘가? 하며
정확한 위치 잊을 때도
자리보다는 제자리에 앉고,
할 일보다는 제 할 일 하니
얼굴보다는 제 얼굴로
한 바퀴 돌아 내게 온 運
제 때 두 손으로 잡고,
땀 흘려 내 처지 높이면
사람들은 날 어떻게 볼까?

모든 것이 제자리에 있고,
모든 일이 뜻대로 되면
순리대로 흘러가는 세상에서
제대로 찾은 모두의 행복
용문사 은행나무가 웃는다.

나를 구별하는 것들

맞바람과 맞은 바람이 서로 같지 않듯
신나게 불러도 내 노래는 가수와 다르고,
방긋 웃는 인사도 나팔꽃에는 못 미친다네.

따뜻한 마음으로 다가서도 확 피할 때
인종과 국적 따라 사람 얼굴 달라서
더 알고 싶어 크게 눈떠도 외국인은 낯설고,

사람마다 버릇된 좋고 나쁜 습관 있지만
너무 좋아하고 아주 싫어하는 고약한 버릇은
남의 눈 밖에 난 이해 못할 별난 일.

말해야 할 것과 안해야 할 것 모른다고,
자기와 생각이 다르니 어울리기 싫다며
서로를 차별하고 전혀 신경 안쓴다네요.

잘못과 후회가 덕지덕지 붙어 있어도
같은 것과 다른 것을 생각하면서
나를 구별하는 것들과 친해져야겠다.

흰 구름과 하늘

흰 구름은 하늘의 친구
더 멀리 더 높이 올려주니
파란 하늘이 더욱 파랗다.
하늘처럼 믿고 따르는 당신은 흰 구름
– 운명적인 순백의 눈먼 사랑.
낮달도 한 덩이 구름으로 보이는
끝없이 뻗어있는 둥근 허공 안에서
우주 곳곳 정처 없이 떠돌아도
따뜻한 구름장의 온기에 눈물 짓고,
허망한 인생처럼 건질 것 없어도
갖가지 모양 보이다 또 바꾸는
변덕쟁이 흰 구름도 곱다며
당신의 수고를 가슴으로 안으니
오오 흰 구름은 당신, 나는 촌벽
오늘도 궁창에 粉 바른 구름 떠간다.

악의 꽃

별 것 없는 세상 살면서
앵두 따는 친구 외면하는
앵돌아진 거친 心思는
삶을 속이며 살아왔던
자신마저 망치다가
결국은 고칠 수 없는 傷痛되고,
自害하면 잘 낫지 않는데도
생급스럽고 패려궂은 心術은
순수한 자유를 갈구해도
잔악하고 내숭스러운 凶心되니
마음의 주름살은 언제나 펴질까요?

독한 방귀냄새 풍기는
음험하고 야당스런 사람들이
언제 어디서나 독살 피우느라
이웃이 내지르는 비명 못 듣고,
남 냉시하다 심살내림 모르니
억압했던 본성 발현시킬 때의
굉장한 쾌감만 즐기는가.
양심에 비추면서 범죄 저지르고,
目眥 사나운 얼굴로 협박하면
내 마신 고양이 像의 악인되니
달콤한(hygge) 세상은 언제 볼까요?

반닫이

손과 손 거쳐 온 통영 반닫이는
비릿내 나는 방의 주인.
훈장인 양 무쇠 자물쇠 달고,
오래된 품위로 거들먹대도
말쑥한 몸 속 선혈이 붉고,
영혼을 축적한 크기만큼
불길에 탄 고뇌 보여
때론 엉망도 예술로 꽃핀
故家의 애장품이 분명하다.
평생을 잉걸불과 씨름한
장인이 두들긴 고열에 녹아
옹이도 꽃으로 피는 신비한 경지의
고풍스런 외모 자랑하고,
푸른 산기운 뿜어내는 판재는
나이테로 명산대천 새겼다며
지금 바로 입산수도하란다.
묵직한 무쇠 고리와 장식들
중심이 흔들리면 만사와해라며
성난 널장 달래가며 자리 지키니
반닫이 속 귀중품들 안심한다.

잡초의 교훈

가슴 아픈 사연 아예 꺼내지 않고,
혼자서 터덜터덜
좁고 긴 골목을 의미 없이 걸어가면서
절실한 인생을
얼굴 속 모호한 눈빛에 담는다.
아차, 걸어오는 사람 피하려니
시멘트 바닥 틈새 어린 새싹 보인다.
장하다. 신기하다.
어떻게 저렇게 메마른 곳에서 생명을
그래, 누구는 잡초보다 어리석구나!
고개드니 하늘이 햇살 데려온다.
그 새싹 자라서 꽃 피울 때쯤
다시금 골목길 따라 추억 더듬으면
이름 부르며 반가워 할 표정 넘어서까지
試放하듯 똑똑한 눈빛이 반짝일까요?

4 하동송림의 마음

하동송림의 마음·그림

나

송림

나나나

송림송림

나나나나나

송림송림송림

나나나나나나나

송림송림송림송림

나나나나나나나

송림송림송림

나나나나나

송림송림

(태) 소나무 (태)

(양) 숲숲숲 (양)

(송)소나무(송)

숲숲숲

소나무

숲숲숲

우정우정

사랑사랑

생명생명

☆영원영원☆

하동송림의 마음

하동송림의 마음·1

마음에 소나무 심는
삶의 기쁨 찾다가
초록세상 만나는 행운.
사랑한다 푸른 송림
낙락장송 태양송아!
아기 때나 커서나 평생
눈만 뜨면 달려가고,
발걸음 떼면 송림으로
내가 한 일 그것 뿐.
타오르는 시심과 함께 한
오, 나의 친구여!
나의 숨결 나의 기쁨.
너는 내게 바라는 것 없지만
나는 너의 품속에서
그늘의 아름다움 드러내는
한 그루 소나무로 우뚝 서
푸른 기운 뽐내리라!

* 태양송 : 송림 홍송의 새로운 이름

하동송림의 마음·2

별을 올려다보는
무동산이 하루 두 번
바닷물과 춤추면
엇구수한 그 짠 맛에
자신을 사랑하자며
소나무들 황홀해하고,
송림은 가슴으로 안는다네.

만물을 이롭게 하는
먼 바다의 조수 따라
물고기들 펄떡대고,
상상까지도 삶이 되는
고래 노래 들리면
소나무들 처음이라며
송림과 같이 환영한다네.

산으로 오르는 강물 보고,
사람들이 우습게 여겨도
가슴은 꿍꽝거리면서
눈도 놀라 부릅뜨고,
후퇴하지는 말자며
소나무들 깊이 뿌리박고선
송림더러 순리대로 살란다.

하동송림의 마음·3

줄기 감싸고 하늘 오를 때
'나무는 껍질 보고 안다'고,
피모처럼 나무의 보호자로
몸피 부풀리며 목질 키운 힘은
모두 모두 껍질 덕분이지요.
일 년 내내 피미와 병충해 견디며
나무의 귀한 생명 지키고자
표 얻으려는 선거판의 절박감으로
우람한 거목될 꿈 도우며
평생을 헌신으로 즐긴다지요.
비와 눈, 바람으로 목욕한 뒤
햇살과 달빛으로 말려서
피부과 의사도 감탄하는
거북등무늬 표피 자랑하다니
'껍질이 뭐 대단해'라는 핀잔 말고,
아무나 못하는 일은 목영점으로 알아보세요.
따뜻하게 스스로를 안아주며
물과 양분을 꼭대기까지 올리고,
땅의 기운과 하늘의 섭리로
나무의 미래 천년만년 빛내려는
벼랑 끝에 선 마음의 정성
송림을 하동의 유토피아로 광고하네요.

하동송림의 마음·4

홀로 서 있어도
계절은 왔다 가지만
흐르는 강물과 어울린다며
송림을 배경 삼은 나는
섬진강과 톤* 맞춘 소나무.
밤낮으로 같이 숨쉬는
다정한 이웃사촌답게
하루라도 못 볼까봐
바람 불러 묻는다.
구례에서 하동까지 오느라
발등 부르트지 않았냐고,
강물이 고맙다며
꿈에서도 애타게 보고 싶은 님은
꽃보다 더 예쁜 꽃이란다.
자신을 아는 것이 아름다움이라고
너는 '생명의 강', 너는 '태양송'하며
서로를 칭찬한다.
강도 푸르고, 소나무도 푸르니
둘의 마음은 초록으로 동색.
솔포기의 송진내에도 취했는지
산과 하늘도 친구하자고

초록 옷 입고 따라나서면
강, 나무, 산, 하늘이
송림에 풍덩 빠져버린 것 같다.

* 톤 : Tone, 품격, 기품

하동송림의 마음·5

밤꽃이 아름다움 뽐내는 유월
한껏 싱싱해진 소나무가 반길 때
연초록 새순이 어찌나 예쁜지
내 마음 염치없이 단숨에 들뜨고,
초록빛 솔방울도 덩달아 유혹하면
송림은 놀람과 환희의 축제장
연둣빛 스펙트럼에 마음은 하늘 난다.
민물과 바닷물 오가던 재첩들 신나서
엇구수한 맛내느라 땀나도
강물에 비친 파랑 솔 빛에 반해
갈맷빛 소나무를 우러러 본다.
사철 푸르다지만 여름 송림은
새순과 새 솔방울 단 소나무 전시회장.
초록 세상의 신비와 진 · 선 · 미 보이고,
솔향 풍겨 생명의 기운 주니
솔잎 빛으로 출렁이는 녹색 물결 천지.
아! 소나무, 홍송, 낙락장송
빙문객 모두 즐거움 맘껏 누리는
푸른 송림이 있어 하동은 별천지.

하동송림의 마음·6

무성한 나무 그늘은 어찌나 시원한지
시간의 그늘을 가슴으로 살아도
발걸음 보다 마음이 먼저 찾지.
초록 우산 녹음이 쉼 주니
여름 땡볕만큼 뜨거워도
사람도 찾고, 새들도, 낮잠도
많이들 찾으니 그 열기 높겠지.
시원한 녹음 넓게 드리우고자
낮에는 부지런히 몸집 불리고
밤새워 내면의 아름다움 가꾸지.
녹음 찾아 나선 작은 소나무도
동료들 눈치 아랑곳없이
바람 따라 이곳저곳 기웃대지.
구름과 무지개가 샘내든 말든
한가로운 마음 따라 이리저리 옮겨도
녹음만큼은 한 치의 양보 없지.
보다 못한 신께서 은혜 베풀듯
'그리운 나무 그늘' 아리아 불러주고,
녹음을 물에 얼리어 땅에 못 박지.
아! 이런 음즐은 송림의 자랑.

하동송림의 마음·7

어디선가 들려오는 솔바람 소리
음악인가 세월인가 헷갈리는데
솔잎 떨어져 바람인가 했더니
솔바람 없이 못가는 청춘이라면
가슴팍 파고드는 솔향기 마시며
청춘의 무게 바람에 달아볼까?
아리고 쓰리면 강물에 씻고,
감춰도 숨겨도 햇볕에 꺼내
앙가슴 가슴에 깊이 쟁이며
성깔과 아우성은 바람에 날린다.
해풍과 육풍 어울린 솔바람 소리
모래 걸러내는 소나무 높이고,
슬픔도 둥글게 말아 강에 띄우니
솔바람 없이 못가는 인생이라면
타다만 가슴 응어리 다시 태우며
인생의 고뇌 바람에 날려볼까?
가볍든 무겁든 눈물로 씻고,
알아도 몰라도 손 안에 말려
앙가슴 가슴에 쟁여두고서
미련과 번뇌는 바람에 부친다.

하동송림의 마음·8

녹색 신비 딛고 선
녹음방초 눈웃음 보며
기쁜 마음으로 송림 거닐 때
생명의 푸른 깃발 펄럭이고,
늙은 말들 덩달아 신났다.
한 자(尺) 높이 풀밭의
녹색 물결이 솔바람 타면
반짝이는 이슬 목에 건
바랭이와 잡초들 싱그럽고,
소나무는 군자처럼 뽐낸다.
푸르름은 꿈을 하늘에 올리고,
다친 눈은 언제 그랬냐는 듯
녹색의 힘에 생기 얻으니
마음 아픈 사람도 짓내고,
처녀들 꽃보다 풀내 찾는다.
분수의 흰 물줄기 초록 적시면
숨바꼭질 메뚜기 풀에 숨어
망초꽃 희롱하며 사랑 나누는
곤충초목 어울린 풀숲에서
가지가지 아름다움 보이는
풀색 빛내는 풀잎 되리라.

하동송림의 마음·9

세상 적시는 비, 날 적시니
비 오는 날의 송림 로맨스
궂은 비 마다 않고 서둘러 찾은
낙락장송 태양송은 나의 연인.
쏟아지는 빗발 속 걸어가면
송림은 나의 초록 우산
후련하고 산뜻해 웃음 나온다.
온 몸으로 반기는 소나무에게
목숨 걸고 송림 지키겠다며
거수경례로 존경 표하고,
오늘이 좋다며 끌어안는다.
소나무 생기 돋아 두 팔 벌리니
비바람도 신나 휙휙 또 휙휙
가뭄 끝 단비야 폭우인들 어떠리.
모두들 흠뻑 젖어 생쥐 꼴이나
탱고곡 맞추어 함께 춤추며
홍두깨에 꽃이 피듯
비 맞는 즐거움 한껏 누리겠소.

하동송림의 마음·10

창조란 얼마나 아름다운지요.
모래가 백사장 만드는 걸 보며
송림은 제 자리에서 소나무 키워
솔향 풍기는 초록 얼굴 그린다.
별들의 바다 못 잊어
밤에도 늘 푸름 하늘에 매달고,
징기스칸의 초원 달리던 기쁨으로
낮에는 풀잎 안고 즐기다
문뜩 자신 뒤돌아본다.
기어가고 뛰어갈 수 없는 사정
우리는 어찌할까요?
궁하면 무엇인들 못하랴
움직이는 모래처럼 不毛 만들지 말고,
붙박이로되 풍요로운 숲 이루어
못 이룰 꿈 대신하거라.
백사청송이 응원 할테니…

하동송림의 마음·11

기쁜 마음으로, 놀란 표정으로
소나무가 그린 그림 보셨나요?
도화지 아까워 땅에나 돌에나
심지어 불어오는 바람의 등에도
자신의 무늬 바꾸어가며 그릴 때
구름도 예쁘게 손뼉 치면
그림자로 도안하고 그림자로 색칠한다.
휘청대며 걷다가 불쑥
인생 결단낸다는 나그네
씩씩거리며 그림자 짓밟고,
한술 더 떠 손바닥으로 훼방 놓는데도
사랑으로 참고 참으며
햇빛이 점석에 앉아 목영점 쳐본다.
접시 밥도 담을 탓이라며
성질 죽이면 쟁통이 면하고,
소나무 좋아하면 땡잡아
삼대 발복, 수복강녕 운세라니
소나무의 그림자占 신통하네.

하동송림의 마음·12

누구나 자랑하고파 좀 쑤시고,
무얼 자랑해도 신난다네.
거목과 낙락장송의 송림
큰 둥치와 우람한 가지로
사람들 마음에 감동 심는데
여러 종류의 나무 키우는 무동산
섬진강물에 그린 자화상 보고,
秀色에 읍하며 존경 표하라네.
송림이고 무동산 숲이고
각자 나름의 으쓱한 배짱으로
자랑 끝에 불붙는가?
아무렴 그러나 저러나
송림 찾고 무동산 오르는 사람들
숲 좋고 산 좋아 신나는데
시인은 영혼에 벼락 맞더니
안 괜찮아도 되는 거라며
별나게 소나무와 솔숲 자랑한다.

하동송림의 마음·13

5대째 같은 집에 살면서
조상과 집안 지킨 종손은
수백 년 세월 한 곳에 산
낙락장송의 좋은 친구.
한 뼘 땅도 만족하며
혼자만의 고독으로 견디고,
쉴 새 없이 흔들리는 바람과
순간 즐기는 변덕장이 보고도
不動과 無言 꽃피운
붙박이의 처절한 삶은
아무도 흉내 못 낼 거룩함.
말뚝에 매인 처지 보며
너처럼 살 수 있나?
뜻밖의 결의 다진 뒤
네 마음 알고 싶어
요동치고 진동하는 움직임 없이
소나무 같이 꿈쩍 없이 선 나를
쏟아지는 폭우기 할퀸다.

하동송림의 마음·14

삶의 마지막 뒷자리
슬픔은 줄지 않으며
작은 바램 기약 못해도
발그레한 수줍음과
무게 없는 헛심으로도
희망 올려다본다면
누구나 별이라며
창문 열고 기지개 켜니
갑자기 생기 돋아
닫힌 방문 걷어찬 뒤
하동의 송림 찾았다.
수백 년 거목의 아름다움과
큰 수간의 뻗쳐오르는 기운
온 세상 압도하니
나도 덩달아
바람에 올라탄 힘 솟구친다.
이루지 못할 일은 없다며
꽉 진 주먹의 용기와
평생 갈고 닦은 사랑으로
마음 다해 소나무 지키니
난 빛나는 송림의 울.

하동송림의 마음·15

희망의 씨앗 품은 솔방울
천지만엽 자랑하는
낙락장송 키워낼 그릇.
별난 소나무 사랑으로
아름다운 뜻 송림에 심자
미래 앞당긴 소나무가
더욱 푸르러 참 고운
청옥의 솔방울 달고,
벼름벼름 몸집 키우며
먼 조상의 유훈 따라
多産비는 걸 본 새댁
자식 낳아 代 잇고자
디오니소스 신이 움켜 쥔
솔방울로 밤샘 기도할 때
썩어도 솔의 씨 지키며
솔바람 태교 행하는
콩닥콩닥 뛰는 가슴의 솔방울은
다둥이 잉태한 만삭의 임산부
그대가 있어 행복하다며
성층권의 오존층이 지킨다.

하동송림의 마음·16

온 몸과 정성으로 키우기 수백 년
소나무만 바라보는 송림은 외눈박이
무엇이든 기쁘게 받아주는
따뜻한 마음으로 소나무 본다네.

산신이 불 끄러 오고 용왕이 물주는
자색 안개 탄 목신이 내려앉은 신성수의
비바람에도 끄떡없이 대지에 못 박은 뿌리와
땅의 온기와 단물 맛에 취한 뿌리
용오름 흉내 내며 하늘 오르는 수간과
생긴 대로 휘어져 꿈틀거리는 수간
햇볕 모시려 아늑한 공간 꾸미는 가지와
집안 신성케 하는 금줄에 꿰인 가지
사철 늘 푸른 꿋꿋한 기상의 잎과
짝으로 되어 행복한 혼인을 상징하는 잎.

가슴 데우는 한 편의 시처럼
소나무의 모든 것 좋아
소나무와 더불어 살면서
소나무 그늘에서 같이 꿈꾸겠다는 송림
외눈박이 사랑은 천년을 품는다.

하동송림의 마음·17

한 눈에 봐도 탄성 나오는
누런 솔잎으로 짠 황금 카펫이
홍송을 태양왕으로 모신 풍경은
겨울 송림이 선물하는 은혜.
의젓하게 걸을수록 좋다며
군자연하는 대왕 태양송은
용이 승천하는 기백이요
정복자의 불같은 당당함.
거북등무늬 껍질의 붉은 색
세세연년 고운 맵시 뽐내고,
가지 잘린 상처에 핀 나무 혹은
아픔도 아름답게 보이는 훈장.
벼락 맞아 갈라진 껍질의 긴 파열과
벌레가 목숨 걸고 판 구멍은
치열하게 살아가는 아픔의 꽃이요
수백년 버틴 홍송의 수간은
두 눈 휘어잡는 무거운 쇠기둥.
송림 떠받치느라 헐떡이니
사람들 모두 넋 놓고 쳐다보고,
푸른 하늘은 웃으며 손짓한다.

하동송림의 마음·18

파랗고 파란 강물이 보듬는
푸르고 푸른 솔숲 보시면
그곳엔 사철 늘푸른 소나무가
누런 황금카펫 위를 날아다녀요.

녹색 바람과 푸른백로 찾아오면
푸른 소나무는 푸른 노래하고요
푸른 향기 따라 파란 가슴 열면
퍼렇고 퍼런 종소리 들린다지요.

흰 눈이 펑펑 온 누리에 쏟아지면
내리는 눈 속 희디흰 소나무는
하얗고 하얀 흰 별의 마음으로
하얀 세계에 하얀 얼음꽃 피워도

숲 지키느라 우뚝 선 소나무의
붉고 굵은 수간이 햇빛 쪼이면
붉은 노을이 밝고 붉게 색칠해
송림은 금시로 태양처럼 붉고요.

부끄럼 타 볼 빨개진 소녀가

그림 같은 숲에서 부끄러운 꿈꾸면
토종 백마 탄 어린 왕자 만나서
푸르고 푸른 숲 왕국 세운다나요.

하동송림의 마음·19

나는 소나무와 함께 자랐고,
소나무와 함께 꿈꾸었습니다.
몸도 마음도 온통 소나무
드디어 나는 소나무와 하나 되었습니다.
소나무 내음은 두근거림이었고,
그 두근거림 속을 나는 한 참 헤매었습니다.
낯가림으로 늦게 깨도
먼 곳의 소나무도 낯설지 않아
나는 웃으며 반깁니다.
시간으로 다듬어진 예술품은
눈으로 보지 않아도 보이는
아름답고 우람한 소나무입니다.
생각은 온통 소나무 뿐
뜬 눈으로 밤 지새우다 절정에 오르면
비로소 친구 되고 영원에 다다릅니다.
세상 가운데 선 나를 알게 해 준 소나무
베풀어야 멋진 인생 된다는
삶의 기쁨을 대가 없이 받았기에
송림의 시간과 터전 위에서
사람들이 나를 소나무라 부를 때까지
언제나 소나무와 함께 살겠습니다.

하동송림의 마음·20

여기 말곤 갈 데 없어
난 매일 송림에 옵니다.
절망 속에서도 살아야하니
넌 날 볼 수밖에 없다며
거추장스런 괴로움 던지고,
살 길 찾아왔지요.
푸른 기운이 온 몸 감싸고,
솔향기가 정신 맑게 하니
비로소 제 자리에 섭니다.
반가운 소나무가 말하길
살려면 함께 해야 하고,
서로의 온기는 삶을 데운다나요.
차가운 마음 가고 체온 오르니
나만이 볼 수 있는 행운인가
내게 소나무가 보입니다.
우뚝 선 모습 별이 되고,
큰 가지는 생명의 세계
녹색 잎은 아름다운 얼굴
당신 알면 좋을 것 같아
조금씩 익어가는 추억 만들며
두 손 잡고 앞으로 나아가는
온 몸 던지는 친구 될래요.

하동송림의 마음·21

소나무는 돈 몰라도
따뜻한 햇볕은 탐하고,
송림은 뭇 나무는 몰라도
소나무는 기쁘게 품는다.
서로 평생지기인데도
송림은 소나무 그리지만
소나무는 송림 그리기보단
자신의 젊음 그린다.

늘푸른 소나무 바라보고,
송림은 마음껏 칭찬하며
서로의 우정 걱정하는데
갈수록 짙어지는 녹음 보며
소나무는 자신의 큰 키
뿌리에 실어 하늘에 올린다.

온 세상에 하나뿐인
송림은 아름다운 풍경 바라며
세상 구하는 꿈에서 벗어나지만
바람에 올라탄 불같은 기백의
소나무는 아름드리 모습 바라며
송림에서의 꿈같은 삶 즐긴다.

하동송림의 마음·22

낭만과 순수 꿈꾸는
낙락장송들 스스로 신나
푸른 기운 더운 입김
폭발하듯 쏟아내고,
강물은 아래 위로 흐르며
산과 바다 이야기 들려주니
백사장 하얀 모래알
천년동안 반짝인다.

원앙과 물오리 낮게 날고,
흰 구름 환하게 반기는
송림은 따뜻한 엄마 품.
자신의 본 모습 보이면서
귀한 것 아낌없이 나누고,
원하는 것 한없이 받으니
날마다 날마다 기쁘게 찾아
서로의 온기로 함께 뒹굴며
때맞춰 소나무 키를 늘인다.

사람과 소나무의 만남
네가 나고 내가 너인

귀한 인연의 얽힘으로
두 가슴이 달군 향기
찜없는 한 몸, 한 형제로
무엇이든 할 수 있다며
섬진강 물이 제 곬으로 흐르듯
오늘도 운명 따라 울렁인다.

하동송림의 마음·23

여기는 동글동글 둥글둥글
저기는 볼통볼통 불퉁불퉁
송림은 동그라미 동화나라
동그라미 사랑으로
소나무 좋아하니 동그라미 보인다.

동그랗게 돌면서 소나무 보면
아문 상처 작아서 동글반반
덧난 상처 너무 커 둥굴넓적
살다보니 너의 아픔은 나의 아픔
넉넉해도 팡팡 터지는 온몸 쑤심.

동그라미표 찍힌 소나무의
동그라미 동글동글 굴러보니
모양도 아름다움도 모두 각각
화가도 생각 못한 부드러운 곡선과
조각가도 못 만든 도톰한 볼륨으로
모진 운명 이겨내는 동그라미.

동글동글 하하 웃음 소나무 웃음
둥글둥글 허허 웃음 송림의 웃음

어여쁘게 호호 웃음 나만의 웃음
어청샌님 후후 웃음 너만의 웃음
웃으면서 빙글빙글 돌아가니
우리는 어우렁더우렁 동그라미 사랑.

하동송림의 마음·24

누군가 숲 보았느냐 물으면
소나무 그리워 송림에 간다.
먼 길 돌아 바쁘게 오느라
네게 줄 햇볕 한 줌 없이
빈손으로 허둥댄 게 미안한데
그래도 웃으며 반겨준다.

걸어가는 소나무 따라
같이 손잡고 노래 부르니
우정과 기쁨이 따라온다.
천연 발효 솔 향기 흩날리고,
부드러운 숲이 손 내밀 때
서로를 아끼는 마음이 부럽다며
바람은 살랑대고 강물 용용하니
물새들 노래하며 즐거워한다.

온기가 뿌리에서 잎으로 올라
키 크고 수간 굵어진 낙락장송
그 장엄함이 영혼에 박히니
모든 걸 버리고 내 힘으로
너를 지키는 뜨거운 친구 되겠다며
신데렐라의 유리 구두 신고,
달뜬 기분으로 흙탕물 건너뛴다.

하동송림의 마음·25

시원한 숲 그늘 드리우는
나뭇가지는 나무마다 달라도
다름으로써 경이롭고 아름답소.
가지는 곁방살이 아닌 주인
나무를 바로 세우는 균형추며
잎 안아주는 보금자리.
크고 작은 가지와 곁가지들
어찌 그리 신비하오.
빽빽한 가지끼리 원수처럼 다투어도
태풍 불 땐 서로 돕는 한 울 이웃
사방으로 고루 뻗어 귀한 햇빛 맘껏 받으니
삶의 지혜 으뜸이요 이웃사랑 모범이라네.
꿈과 생명력이 가지처럼 뻗어가
큰 가지는 수간되어 나무 모습 결정하고,
작은 가지들은 창검으로 송림 지킨다오.
이 나무 저 나무의 길맛가지
굽은 아름다움 자랑하니
사람들 입 벌려 감탄하고 새들은 노래하네.
바람도 연신 기쁨으로 흥얼대며
세상에다 솔의 향기 퍼 나르니
나무의 힘줄이라며 신선이 나뭇가지 쓰다듬네.

하동송림의 마음·26

녹색으로 송림 그리는
소나무의 익숙하거나 낯선 아름다움
창 밖 풍경처럼 가슴에 담아
너와 나 우리 하나 된
운명 짓든 만남의 인연이
뜨겁게 살도록 이끄니
이해득실 따지지 않는 무심으로
송림을 소중히 지켜야 해.
맑은 공기 마음껏 즐기는
청풍에 춤추는 산자락 따라
산뢰 속에 들리는 그대 웃음과
소나무 포옹한 격한 도취는
삶도 신비로운 자연 본받는 것.
나이테에 글 쓰는 나무 흉내 내며
마음으로 쓰고 머리로 고쳐도
세상에 알릴 시 한편 못 써
소나무에게 도와 달라 목매는
녹색 솔숲 흠모한 시인이
빠대는 한량처럼 살아도
천년 전설의 낙락장송 찾아
서럽고 무딘 마음 풀어질 때까지

존재의 고단함도 잊고,
폭발하는 감탄사처럼 깜짝 놀라게 하는
손맛 나는 글 찾아 뛰어다닌다.

하동송림의 마음·27

부끄러움이 리듬 타는
중장비의 굉음이 만들어도
푸름이 살아나는 송림의 자연미.
소나무가 오묘한 향기 풍기면
작은 온정에도 다시 살아난
철면피의 양심은 자연지리이고,
외 거꾸로 먹어도 제 재미인양
아가의 삐뚤삐뚤 글씨체와
우물쭈물하지 말라는 교훈이 자연지이면
졸음에 겨워 하품하는 백로와
허공에 발장난하는 별똥별도
숨차게 쫑쫑대는 개미도 자연 현상.
작은 나무와 큰 나무의 합창 따라
모터 달고 신나게 나는 솔의 씨와
좋은 자리 다투는 나뭇가지도 자연적이고,
아름다운 솔밭의 향기에 취한
적삼 벗고 은가락지 낀 처녀를
사랑한 총각의 마음은 자연애이며
거친 세상 감싸는 작은 온정과
땅바닥에 뒹구는 실망과 낙엽은
송림의 품안에선 자연스런 자연성.

하동송림의 마음·28

바람 불고 불어 솔바람 일면
소나무 키워 樹帶 만들고,
나뭇가지마다 가지기도 하니
솔바람은 소나무의 수호신인가?

나뭇잎 속살까지 솔바람 일면
시원하고 따뜻한 하늘 기운과
현악사중주 같은 푸른 울림은
뿌리 깊은 소나무의 본성이며

내 마음 속까지 솔바람 일면
더위 쫓아내 더위 잡는
솔바람이 청량한 공기 모으니
소나무는 바람도 놀란 風木이고,

나이테의 홈 따라 솔바람 일면
언제나 푸르른 모습 보이는
녹색의 가슴 부푼 솔잎은
솔바람이 키운 소나무의 꽃.

우리네 기쁨에 솔바람 일 때
휘날리는 태극기를
그리움의 손길로 쓰다듬으면
소나무들 방패 되어 나라 지킨다오.

하동송림의 마음·29

소나무 보고싶어
날만 새면 그리움으로
지금 나 송림 찾았네.
못 다한 사랑 발걸음에 담아
벅찬 설렘과 환희로
함께 걸어가는 우리의 체온
서로의 안부로 진심 살피며
언뜻 뿌리를 걱정하나
부러진 가지는 못 본체
싱싱한 잎만 챙기니
난 소나무의 나무거울
푸른빛이 숲 떠난다.

소나무 생각하며
뜨거운 온정과 마음 다해
나 지금 송림에 왔네.
눈 뜨면 보고 싶었다며
둘의 애틋한 사랑으로
함께 아파하는 우정
서로의 눈물로 진실 감추며
짐짓 즐거웠냐고 물어도

친구의 고통은 모른 체
멋진 외양만 칭찬하니
소나무는 나의 관리 漁場
푸른색이 숲 피한다.

하동송림의 마음·30

자신의 아름다움은 특별한 것.
바늘 같고 실낱같은 침엽이라
넓은 잎 아닌 잎사귀이기에
그냥 고냥 솔잎이라 불러도 좋고,
작은 고추가 맵다더니
홧홧하는 솔잎보고 한 말이네요.
말도 안 되는 일 같지만
눈곱만한 무게로도 나무 살려
숨 쉬고 움직이게 하며
사철 늘푸름으로 그늘 늘려
녹음 만들고 숲도 빛낸다오.
솔잎은 어머니 사랑으로
뜻 세우라며 바늘로 찔러 격려하고,
삶과 죽음도 판단하는 자尺.
물과 햇빛으로 낙락장송 키우고,
짝으로 되어 사랑노래 부르며
자손만대 솔의 집안 번성시키니
히늘은 솔잎만 챙긴다나요.
오오! 솔잎은 소나무의 얼굴
나무 말고 잎만 보아도
송림이 왜 푸른지 알겠네요.

하동송림의 마음·31

널 만나는 설렘으로
잠 못 이루던 밤 가고,
밝은 해가 둥그렇게 중천에 뜨면
발걸음은 끌리듯 송림으로 가
소나무들 보자마자 익숙한 반가움일고,
왈칵왈칵 솔 향이 실핏줄 타
어제의 나는 사라지고,
새로 태어난 한 그루 소나무 됩니다.
친구 왔다며 박수치는 우정의 소나무들
성대한 환영식 열어 반기니
인생 바꾸어 놓을 아픔도 사라져
송림은 정다운 이령목의 신세계요
인정 넘치는 화기애애 이웃사촌.
속살까지 곪은 상처 안고 살아도
해님은 별의 시간 늘리고,
순풍순우는 때를 맞추니
몸과 마음이 하나 되는 소나무들
나라 사랑이 먼저라며
나뭇가지로 한반도 그리자
녹색은 더욱 푸르고 희망은 날로 커져
아름다운 숲 송림의 기둥이 됩니다.

하동송림의 마음·32

같은 소나무 찾으면
억대 경품 준다는 풍문 듣고,
두 눈 부릅뜨고 찾았네.
송림 돌고 돌면서
이리 보고 저리 보고,
뿌리와 나이테 살피고,
키와 수간도 맞춰보고,
잎과 가지 비교하고,
꿈과 마음 꺼내 봐도
같은 나무 닮은 나무
어디에도 보이지 않아
실망하고 돌아가려다가

욕심 버리고 찬찬히 보니
크고 작은 소나무들의
푸르디 푸른 나뭇잎과
이리 뻗고 저리 뻗은 가지들이
명화 속의 석채 칠한 창송처럼
서로서로 어울린 모습
천년 전설이 될 볼거리요
자랑스런 숲정이며 도시 숲.

가슴 뭉클한 추억 살아있기에
경품보다 큰 가치 넘어 선
송림의 아름다움은 無價之寶
돈을 뿌리며 걸어 다닌다네.

하동송림의 마음·33

간밤에 단비 내려
우중충한 소나무들
단물 먹고 어제보다 깨끗하다.
풀섶에 맺힌 이슬과
잎 끝의 물방울 요술
생기 돋우니 소나무들 빛나고,
송림은 진초록으로 화사하다.
무슨 좋은 일 있냐며
지리산 기운과 섬진강 물이 찾아와
새로운 초록으로 초록이 뒤엉킨
물오른 소나무 어깨 두드리고,
바람은 푸른 솔향기 퍼 나른다.
살 터져 허물 벗은 나비처럼
초록 세상 처음 본 듯
자기도취에 풍덩 빠지니
보이는 것 모두 세상에나
어쩜 저렇게 아름다울 수 있나.
초록의 마음과 행복에 취해
초록에 정신 잃고 지 초록! 뇌이는
초록에 물든 나를 흉내 내는가
풍류랑 끼리끼리 초록 반기니
젊은 날의 초록 사랑처럼
소나무들 어제보다 싱싱하다.

하동송림의 마음·34

사그락 사그락
낙엽 밟으면 두 발 편해
마음은 은근히 하늘 난다.
솔잎의 낙엽은 갈비
누런 갈비가 황금카펫으로 보이고,
소나무는 궁전의 왕인 양 으스대도
비둘기는 연신 갈비 쪼아대며
먹이 내 놓으라 윽박지르니
회한의 저녁 시간
한 숨 쉬며 자책한다.
하늘의 축복으로 사랑받고 태어나
녹색 아름다움 뽐내면서
광합성 사업으로 낙락장송 키웠지만
송림을 더 가꾸지 못한 미안함으로
북풍한설의 차가운 고요함 속
모든 것 버리고 익어버리니
켜켜마다 들추지 못하고,
두부살에 바늘 뼈 신세로
훌쩍 떠나면서 생로병사 교훈 주며
흙에서 썩어가도 삼대발복 빌어준다.
오! 갈비 보고 세상이치를…

하동송림의 마음·35

송림의 소나무가 한밤중에
토끼와 놀고 싶어 달나라에 갔더래요.
대문마다 여의봉이 걸려있고,
염력으로 시간여행 즐기는 투명인간이
가상 음악으로 그림 그리고,
별 사냥한다며 성냥 찾는
눈속임으로 보이는 행동이 신기하여
물구나무서서 웃었다나요.
한 해에 두 번 털갈이하며
거북이 업고 바다 속 헤엄치는 토끼가
뿌리 없어도 유리 꽃 피우는
백옥 계수나무 아래에서
투명 절구통에 찧은 토끼풀 먹으며
강철 허공에 마음을 새기고,
그림자로 만들어진 심장으로 사랑하며
거짓말 불러 모아 비밀의 성 만드는
파노라마 영상 보여 주더라나요.
덜컥 겁이 난 알몸의 소나무는
깡통 배로 달에서 도망쳐 나왔다나요.
그 후 언제부터인가
소나무는 자신의 주름 드러내더니
'토끼는 보름달 속의 그림'이라고 우겼답니다.

하동송림의 마음·36

바다 구경 가자는
열 번의 유혹에 넘어간 소나무
음식 가득 채운 가방 들고,
가족 몰래 송림을 나섰다나요.
섬진강 물결 따라 춤추며 가다
남해에 빠져 짠 물 먹었지만
광주 생원 첫 서울인가
수많은 물고기떼 보더니
보이는 대로 닥치는 대로 잡았다나요.
새우와 게는 날 것으로 먹고,
돔과 참치는 회쳐 먹으면서
바닷고기 맛에 푹 빠졌다나요.
갑자기 태풍불어 귀향할 때
배가 아파 죽을 뻔 했다나요.
얼굴이 핼쑥하다며
가족들이 걱정하는 게 마음 아파
송림의 소나무는
잡은 생선 모두 다 버린 뒤
송충이는 솔잎만 먹고 산다면서
다시는 바다에 가지 않았다나요.
보통 때는 잊기 쉬운
제자리의 행복도 다시 찾았고요.

하동송림의 마음·37

백사와 청송은 이웃사촌
어느 날 백사의 고향에 갔다나요.
모래 언덕, 모래 산, 모래 바람
온 세상에 모래뿐인 뜨거운 사막
풀 한 포기, 나무 한 그루 없는
죽음의 땅, 절망의 늪.
낙타 타고 오아시스 찾았지만
환상일 뿐 생활도 불편
모든 일정 팽개쳤다나요.
어딜 가나 마찬가지겠지 생각했지만
내 고향 섬진강변의 송림은
소나무들 안심하고 서 있는
하늘 아래 첫 숲이요 천국
바다와 강물의 이야기에
동심과 그리움이 쉬어가고,
소나무 옆에 소나무 있어
송진과 솔향기가 건강 주는 곳
푸른 웃음이 아름답다오.
빛을 이웃과 함께 하고,
늘푸름으로 청춘을 노래하는
백사와 청송은

서로를 다시 보니 수원 손님
권커니 잣거니 하며
친정 일가 같이 살았다나요.

하동송림의 마음·38

순풍이 산들거리는 봄날
수줍게 미소 짓는 소나무를
정답게 두 팔로 감싸주자
껍질 속의 고운 향 퍼뜨린다.
감격하여 '고마워'하니
억겁의 침묵을 깨고,
들릴 듯 말 듯 '왔어요' 한다.
어, 소나무가 내게 말을 걸다니
귀 어둡고 어령칙해도
"반갑다. 그래 반가워" 소리쳤더니
희미하게 속삭이는 말 들린다.
오, 나의 神氣가
나무의 떨림을 말소리로 바꾸었나!
가슴 열어 방긋 눈웃음 쳤더니
마음이 뜨거워지고 온 몸 쑤신다.
당신의 맥박과 숨소리도 느끼며
인생을 묻고 답하니
우리는 말이 통하는 친구.
홀아비는 미인 꿈꾼다는
장난삼아 말한 우스갯소리도
선뜻 기쁘게 받아 넘기니
오고가는 無言의 대화는 즐겁다.

하동송림의 마음·39

봄바람에 눈길 뺏긴
에메랄드빛 푸른 소나무.
한껏 물올라 기운 넘치고 스파크 튀여
무엇이든 할 수 있다는 자신감으로
엉겁결에 새아기 첫걸음.
아, 나도 걸을 수 있어!
감탄하며 띄엄띄엄 걷는데
뿌리에 느껴지는 흙의 온기
물관타고 올라와 온몸 데우니
흥겹고 신비로워 가슴 설렌다.
기적이라며 샛별이 불 밝히고,
웬일이냐며 갈비들 앞서가니
소나무가 소나무이어서
소나무들 더욱 신나
살아서 빛나는 오늘인가
끼리끼리 손잡고 미음완보하며
하늘을 날 것처럼 기뻐하며 외친다.
'소나무도 걷는다.'
하지만 사람들 놀랄까봐
꿈의 길이 끝날 때까지의 蓮步로
한밤중에만 걷겠다나요.

하동송림의 마음·40

소나무는 자신 조각한다며
오늘도 지난 일생 되돌아보며
상처엔 송진으로 흠엔 사랑으로
밤낮 나무칼로 다듬더니
어제와는 다른 새 모습이 되었네요.
솔잎은 더욱 푸르고,
뿌리는 힘차게 물기 올리는데
가지는 기분 좋게 바람 희롱하며
방금 조각된 자신 보며 웃는다.
새로 예뻐지고 더욱 굵어지니
어깨에 힘주고 가슴엔 높은 기상 품는가?
아마도, 나이테가 응원하고
햇살과 순풍순우가 맞장구쳤겠지요.
송림 찾은 조각가
균형미와 안정감 보인다며
두툼한 동그라미와 우람한 몸피의
부조와 환조 솜씨가 수준급이라네요.
하기야, 백년을 쉼 없이 깎고 만지작대며
자신의 이야기를 창작하고 있으니
심오한 예술혼 깃든 명작이지요.
누구든, 낙락장송 만나면
아름다움은 가지시고 놀람은 버리시지요.

하동송림의 마음·41

송림에 가면 마냥 좋아
불쑥 좋은 일 하고 싶다.
샛별처럼 쏟아지는 설레임과
솔 순같이 뻗어가는 새로움으로
팔 걷고 바라보는 즐거움
소나무에 꽃이 피는 뜻밖의 착시인들 어떠리
눈부시게 아름다우면 그만이지.
번뜻 떠오르는 말 '너는 내 기쁨'
편견 아닌 속마음의 소리요
나만이 느끼는 감동이며 보상.
사시사철 늘푸른 리듬으로
모두를 포근히 안아주는 따스함 속
출퇴근 시간 없는 백수의 여유.
이제야 소나무의 언어로 주거니 받거니
나이테의 숨결로 한 글자 두 글자
讚松歌 첫 구절 시작하자
송림이 좋아라 박수치고,
솔바람은 폼 잡고 아리아 부르니
소나무가 건들대며 시를 읊조린다.

5 기타

한국문학인대사전 p.442

최증수 崔增秀 1945~ 시인 · 수필가. 경남 하동 출생.

호 연암(蓮庵) · 하남(河南). 진주교육대학, 경상대학교 교육대학원(교육학 석사). 40여 년 초등학교 교원 봉직 후 정년퇴임. 2010년 「수필문학」에 수필. '잡초를 뽑으며'로 신인상 당선으로 수필가, 2018년 「현대문예」에 시 '섬진강 물결', '하동의 죽로차','우리들이 사랑한 희망' 신인상 당선으로 시인 등단. 대표작은 시 '하동찬가', '풀냄새', 수필 '이병주문학관의 소나무', '자신을 나타내는 얼굴 사진', '마음을 알아봅시다' 등. 저서로는 문집 「돌탑을 쌓으며」, 「이병주 문학관 이야기」, 시집 「하동송림」 「하동 송림이야기」 「하동송림의 노래」를 출간했으며, 현재 「하동송림의 마음」 시집 출간을 준비 중임. 옥조 근정훈장 수훈. 경상대학교에 고서 891권을 기증 (최증수 문고) 했으며, 2002년 '이병주기념사업회'를 창립하여 1~4회까지 이병주문학제 주관하였고, 2004년 '이병주문학관' 건립 제안 및 추진하여 8년간 이병주문학관장을 역임함.

학술대회 인사말

최 증 수

이병주문학관장

안녕하십니까? 학술대회 사업을 추진한 최증수입니다.

오늘의 학술대회를 공동 주최 해주신 남명학 연구소장 최석기 교수님과 정연가 하동문화원장님께 감사드립니다. 그리고 '군민이 잘 사는 하동' 건설에 열정을 바치시는 조유행 하동 군수님의 훌륭한 축사와 뜨거운 관심에 대하여 존경과 감사를 드립니다. 또 하동유학의 계승과 발전에 헌신하시는 정한효 하동향교 전교님과 하동의 큰 어른신들, 그리고 참석해 주신 내외귀빈 여러분과 학술발표를 해주시는 여러 교수님께도 감사드립니다.

오늘의 학술대회는 하동 선비 문화의 위상을 높이는 일이며, 귤하 최식민 선생과 계남 최숙민 선생 두 분 선비께서 한국 유학발전에 끼친 영향을 알아보는 큰 행사입니다.

형제사이인 귤하선생과 계남선생 두 분 선비계서는 문화 환경이 열악한 농촌출신인데도 대유학자로 성장하신 배경에는 특별한 사연이 있습니다.

아버지께서는 가난한 집안을 일으키기 위해 열심히 노력

하여 많은 재산을 모았고, 이를 바탕으로 자식교육에 온 힘을 쏟았으며, 『귤하유고』 4권을 남긴 형 최식민 선생은 자연합일을 지향하고 대의를 존중한 유학자로서 아우가 오로지 학문에만 전념토록 도와주었고, 아우 최숙민 선생은 아버지와 형의 뜻을 받들어 공부에 매진하면서, 지역과 당파를 초월해서 유학의 여러 갈래 흐름을 연구하고 이를 『계남집』 30권에 기록하셨습니다.

대 유학자이신 최숙민 선비께서는 노사 기정진의 학설을 계승하여 경상우도의 유학계를 이끌었고, 주리론과 심心 즉 리理의 긍정을 주장함으로서 율곡학파 300년의 고민에 대한 해결책을 제시하였습니다.

끝으로 오늘의 학술대회가 성황리에 개최되기까지에는 주식회사 이우 최병철 회장님의 큰 도움이 있었다는 것을 말씀드리며, 참석하신 모든 분께 거듭 감사드립니다. 고맙습니다.

2010. 12. 10
하동문화예술 복지회관

돌탑을 쌓으며

최 증 수
전 북천초등학교교장

지난 8월 말로 교직생활을 마감하고 그 기념으로 필자의 문집 「돌탑을 쌓으며」를 출간하였습니다. "책 한 권을 펴내는 것이 이렇게 어렵구나." 생각하면서 고민도 많이 했습니다. 앞으로 개인 문집을 펴내려는 분들께 참고가 될까하여 졸저이지만 소개를 하겠습니다.

문집이란 : 시나 문장을 한데모아 엮은 책을 말합니다. 우리 조상들께서는 각 집안별로 경쟁이나 하듯이 문집들을 많이 펴냈습니다.

문집의 구성은 대체로 서序와 본문, 그리고 발跋로 구성되어 있는데, 序는 머리말로서 저자 본인이나 저명인사의 책 출판을 축하하는 글이고, 본문은 저자의 시나 문장을 말하고, 그리고 跋은 책을 펴낸 후기를 저자 본인이나 후손들 그리고 유명인사가 썼습니다.

序와 跋을 보면 그 책의 발간경위나 중요성을 알 수 있는데, 어떤 문집은 출판날짜와 출판사를 알려주기도 합니다. 「동문선」에는 우리나라 선비들의 문집에 대한 序가 많이 실려 있습니다. 정총의 문집인 「복재선생유고」에는 안숭선의 序가 있는데, "글월이란 성정을 읊조려서 마음속에 쌓인 바를 펴내는 것이다"로 시작하여 문집을 발간해야 하는 필요성과 序를 쓰게 된 경위를 말했습니다. 조규익이 쓴 「조선조 시문집 序-跋의 연구」에 보면 "서-발이란 주변적 장르만을 통해서도 특정시대 문학적 관습의 실상을 어느 정도는 타당하게 추출할 수 있으리라"고 말했습니다.

필자도 문집의 원고 본을 정리하여 정구영 변호사님께 보내면서 축간사를 요청하였습니다. 반갑게 허락하시면서 "참으로 아름다운 글을 보고 너무도 흐뭇한 마음으로…"라고 시작되는 귀한 글을 주셨습니다. 축간사를 받고 얼마나 기뻤는지 모릅니다.

필자는 머리말을 쓰면서 머리를 싸매고 골똘히 생각하다가 학생교육에 40여 년의 세월을 보냈기에 "어린이들의 생각을 바르게 파악하려 노력했고, 어린이들의 마음의 소리를 들으려 애썼다. 그리고 어린이들의 존경을 받기위해 따뜻한 사랑의 손길을 그들에게 뻗쳤다."로 써보았습니다. 또 "중점적으로 노력한 일은 어린이들이 자기 사랑하는 자존심의 바탕 위에 어려운 환경에도 굴하지 않고 자신감을 갖고 큰 꿈과 희망을 키워나가도록 하는데 두었습니다."며 40년의 교육철학을 소개하기도 했습니다. 경남일보에서는 "이병주 문학제 산파역 최증수 책 발간"이라는 머리말을 중심으로 문집내용을 요약한 글을 게재해 주셨습니다.

책의 크기는 세상살이가 바쁜 독자들이 가볍게 들고 다닐 수 있는 크기의 책을 선호하는 추세를 감안하여 손안에 잡힐 크기의 신국판으로 제책 했습니다. 책의 제목은 책의 성격을 규정할 만큼 중요한 것이므로 생각하고 또 생각하였으나 쉽게 결정하지 못했습니다. 학교화단에 어린이들과 함께 돌탑을 쌓았고, 이 과정을 글로서 쓴 것이 있는데, 이 글 "돌탑을 쌓으며"를 읽은 출판사 사장께서 책 제목을 추천해 주셨기에 고마운 마음으로 결정하였습니다. 필자의 문집「돌탑을 쌓으며」구성은 표지, 사진, 선친의 편지를 비롯한 선조님들의 행적과 글씨, 머리말, 축간사, 차례, 본문, 간기 등으로 구성되었는데 각종 사진과 편지글 등이 문집의 품위를 높였다고 생각합니다.

책의 표지는 한눈에 책의 모든 것을 보여주는 것이기에 신중을 기하고 또 기하였습니다. 필자가 처음으로 펴내는데 큰 힘을 쏟은 책 「나림 이병주 선생 10주기 기념 추모선집」의 표지에는 이병주 선생님의 얼굴 캐리커쳐를 표지의 오른쪽에 넣고 배경으로 지리산의 사진을 배치했는데, 이를 본 따 문집 표지의 오른쪽에 필자의 얼굴사진을 흐릿하게 그래픽 기법으로 넣고 배경으로 돌탑들의 사진을 넣었습니다. 이렇게 꾸민 표지는 정말 산뜻했고, 무엇보다 필자를 아는 독자들이 필자를 쉽게 알아볼 수 있어 좋았습니다. 문집에 선친을 비롯한 선조님들의 글과 행적을 실은 것은 옛날 문집이나 사적비 등의 글에 반드시 주인공의 선조에 대하여 기술한 것을 흉내 낸 것입니다.

본문에는 1.2부를 나눠어 75가지의 글이 실려 있는데,

필자와 같이 근무한 선생님과 학생들의 글이 있고, 학교생활을 하면서 겪은 일들을 쓴 필자의 글과 석사논문, 그리고 이병주 선생님을 기리는 일을 하면서 쓴 글들이 있습니다.

“제 1부 - 어린이에게 희망을”에서는 필자의 교직생활에 관련된 53가지의 글들을 실었습니다. 그중 선생님들과 학생들의 글을 필자와 같이 생활하면서 느낀 점들을 잔잔한 애정으로 써주신 귀한 글들인데, 염창문 교감선생님께서는 “존경하는 교장선생님! 사랑합니다. 좋아합니다.”라고 써주셨고, 임동현 학생은 “전교생 앞에서 당당하게 말씀하는 모습이 너무 멋져보였습니다.” 라며 감동한 마음을 글로 나타냈습니다.

필자가 신문에 기고한 글들에게 애정이 많이 가는데 “우리학교 좋은 학교” 글에서 교육의 중심이 교실에 있는 학교는 학생도 성공하고, 교사도 성공하는 좋은 학교다. 라고 썼고, “좋은 수업의 실천”에서는 좋은 수업의 실천은 교사의 고도의 전문성 발휘이고, 자부심이 담긴 보람이다. 를 썼고, “돌탑을 쌓으며” 글에서는 하나의 돌탑을 통해서도 어린이들의 마음 밭에 꿈과 희망의 씨를 뿌려 인생의 목표를 뚜렷이 해준다는 것이 신기하다. 라고 썼습니다.

“수입참관 소감 글에서는 앎의 희열을 느낀 학생은 질문의 의미를 안다는 것이고, 곧 교과내용을 다 배운 것이라 말할 수 있습니다.” 라며 질문의 중요성을 말했고, 교장부임 인사장에서는 조그만 한 가지 일이라도 인재를 키우는 일이라면 혼신의 힘을 다하겠습니다. 라는 단단한 각오도 피력했습니다.

석사논문인 「학교운영위원회 운영에 대한 학부모위원들의 의견분석」에서는 학부모위원들의 전문성 향상 및 참여제고를 위한 적절한 연수프로그램이 개발, 시행되어야 할 것이라고 주장했는데, 본 논문이 우수논문으로 경상대 사범대학의 「중등교육연구 제 11집」에 게재되는 영광을 누렸습니다.

"제 2부 - 나림 이병주 선생님을 기리며"에서는 이병주 기념사업을 추진하면서 써 본 22개의 글이 실려 있습니다.

기념사업을 처음 시작하면서 쓴 취지문인 "소설가 이병주 기념사업추진을 제안하며"는 필자가 가장 심혈을 기울여 쓴 글로 하동을 사랑하는 마음과 이병주 선생님을 존경하는 마음을 표현했습니다. 경과보고 글에서는 기념사업을 충실히 추진함으로서 문학이 꽃피는 문학의 고장으로 거듭나게 함으로서 하동군민 모두의 가슴속에 긍지를 심어주어야 한다는 주장을 펼쳤습니다. 〈이명산 문학예술촌〉건립추진위원회의 발기취지문에서는 이병주 선생님의 문학정신을 드높이고, 문학업적을 선양하는 일을 이명산 자락에 펼침으로서 우리 고장 북천을 문학의 향기가 피어나는 살기 좋은 고장으로 만들고자 하는 것입니다. 라며 이병주 선생님의 문학 업적을 선양시키고자 노력하였습니다.

마지막에는 경남신문의 "하동 이명산이 문학예술촌 조성"이라는 기사와 필자의 이병주 기념사업활동내용을 소개한 「미디어 피플」 지를 실었습니다.

문집을 펴내면서 느낀 점은 평소에 생각하고 느낀 바를 글로 써보고, 쓴 글을 모아 둔은 생각이 깊어지고 커가는 모습을 확인할 수 있는 아주 보람 있는 일이라는 것입니다. 많은 하동사람들이 삶의 향기가 묻어나고 자기의 체취가 배인 자기만의 좋은 글을 많이 써보시기를 권해봅니다.

하동문화 제 26호 pp.93-96

이병주 선생님께로 가는 길

최 증 수
이병주 문학관장

소설가이신 이병주 선생님은 대표작 『지리산』 등 80여 편의 많은 창작물을 통해 한국 현대사를 기록하고 성찰하고자 하였습니다. 선생님의 소설은 『관부연락선』, 『지리산』, 『산하』, 『그해 5월』 등을 통하여 한국 현대사를 문학이라는 그릇에 담고 있으며, 「소설 · 알렉산드리아」를 비롯한 단편, 『행복어 사전』을 비롯한 장편들을 통하여 동시대 삶의 행간에 묻힌 인간사의 진실을 문학이라는 그물로 걷어 올렸습니다. 선생님 자신이 소설보다 더 파란만장한 생애를 살았던 체험의 역사성, 박학다식과 박람강기를 수렴한 유장한 문장, 어느 작가도 흉내 내기 어려운 이야기의 재미, 웅혼한 스타일과 박진감 넘치는 구성 등이 선생님의 소설세계를 떠받치고 있습니다.

이병주 선생님의 소설들은, 소설이 가진 흥미진진한 재미의 세계로 독자들을 초대합니다. 그리고 독자들에게 거대담론의 기개와 굳어버린 인식의 벽을 부수는 상상력의 힘, 인간관계의 지혜와 처세의 경륜을 새롭게 할 것입니다.

이병주 선생님의 소설 특징은 다음 세 가지로 요약할 수 있습니다.

첫째, 이병주 소설은 재미있다는 점입니다. 소설적 이야기의 재미에 있어 이병주의 소설은 탁월한 장점이 있습니다. 「마술사」, 「예낭 풍물지」 등의 단편에서는 새롭고 강력한 주제와 더불어 독자들에게 이야기를 재미로 읽는 체험을 선사했습니다. 『관부연락선』, 『산하』 등의 역사 소재 장편들도 그러한 기조를 유지했고, 남녀 간의 사랑을 다룬 장편들도 재미에 있어서는 탁월한 장점을 가지고 있습니다.

둘째, 이병주 소설은 한국 현대사의 진실을 말하고 있습니다. 『지리산』, 『그해 5월』 등 실록대하소설들은 한국 현대사의 격동의 현장을 다루고 있어 그 내용들은 바로 역사 그 자체입니다. 이런 소설들은 선생님 자신이 역사의 격동기를 가장 현장적으로 접근하면서 살아온 생생한 관찰을 바탕으로 삼았기 때문에 역사의 참모습을 그대로 이야기해 줄 뿐만 아니라 독자들에게는 흥미를 배가시켜 줍니다.

셋째, 이병주 소설에는 인간존중사상이 배어있습니다. 즉 인간적인 것을 강조하는 휴머니즘의 정신이 깃들어 있습니다. 휴머니즘이란 인간의 생명과 가치에 대한 존중의 정신으로서 이를 억압하는 모든 권력과 반인간적인 것과의 싸움과 연결된 인간해방의 사상입니다. 선생님의 많은 소설에 등장하는 주인공들은 영웅호걸이 아닌 일반 서민들이 많습니다. 격동의 시대에 태어나서 격변의 큰 사건들에 휩쓸리면서도 살아남아야만 하는 일반 민초들이 어떻게 방황하고, 고민하고, 한숨 지우며 통곡했는지를 따뜻한 시선으로 그려냈습니다.

이병주 선생님의 약 27년 동안 쓴 80여 편의 많은 창작물은 하룻밤에 원고지 200장, 한 달 평균 1,000여 장이 되는 원고지 10만 장의 분량입니다. 이렇게 많은 양의 글로 한 시대를 풍미하며 독자들을 매료시킨 분입니다. 이병주 문학관이 하동에 세워져 이병주 문학을 꽃피우고 있고, 실록대하소설의 진정한 가치와 문학사적 위치가 새롭게 자리매김 되는 날이 오고 있다는 확신을 바탕으로 독자들로부터 따뜻한 사랑을 받기를 기대합니다.

이병주 문학관 안내책자에서 2008년

제13주기 추모식 경과보고

최 증 수
사무국장

안녕하십니까? 나림 이병주 선생 기념사업회 사무국장 최증수입니다.

하동포구 팔십리 아름다운 섬진강 변을 따라 샛노란 신록들이 우리 고장 하동을 아름답게 수놓은 이 좋은 계절에 제가 평소 존경하는 조유행 하동군수님과 하효근 하동군의회의장님과 그리고 김기현 하동교육장님 등 누구보다도 하동을 사랑하시고, 소설가로서의 나림 이병주 선생님의 문학정신을 기리는 일에 흔쾌히 앞장서신 귀한 분들을 모신 자리에서 제13주기 나림 이병주 선생님 추모행사에 대하여 경과보고 드림을 무한한 영광으로 생각합니다.

먼저 제1회와 2회 그리고 3회의 세 차례에 걸쳐 실시한 추모행사 때에 많은 군민들께서 열성적으로 성원해 주신데 대해 감사드립니다. 소설가 이병주 선생님은 한국문학계의 최고 소설가이시며 선생님께서 지으신 〈지리산〉등 80여권의 소설들은 보물입니다.

이병주 선생님의 작품세계에 일관되게 흐르는 예술혼은 우리 하동의 향토 사랑이며 험난한 시대를 용기 있게 살아간 작가정신이고, 이병주 선생님의 작품들은 인간성을 존중한 우리 민족문학에 대한 사랑과 열정의 표현입니다. 이러한 금세기의 천재적 문필가이며 한국문학사에 큰 족적을 남긴 우리 하동출신 이병주 선생님을 기리는 기념사업은 우리 하동사람이 해야 한다고 많은 하동 분께서 말씀 하셨습니다.

이러한 염원들이 뭉쳐져 「밝은 미래 · 희망찬 하동」 건설에 심혈을 기울이시고 군민 모두가 존경하는 조유행 하동군수님과 하효근 하동군의회의장님께서 이병주 선생님 기념사업이 하동의 발전을 위해 꼭 필요한 사업임을 확신하시고, 이병주 선생님의 문학정신을 기리는 이명산 문학예술촌 사업을 적극 추진하시고 계십니다.

이명산 문학예술촌 사업은 약 35억 원의 큰일로 진교, 양보, 북천, 목종의 발전은 물론 이병주 선생님의 문학관 건립과 주변 부대시설을 조성하자는 뜻깊은 일입니다. 현재 문학관 부지는 이명산 자락에 선정되었으며 건물은 설계 중에 있다고 알고 있습니다.

본 사업회의 금년도 사업은 문학비헌화, 추모식 및 문학심포지엄, 소설전시회, 전국 학생 백일장 등입니다. 금년의 기념사업들을 추진하면서 기념사업회원 모두는 오늘 실시하는 제4회 기념사업을 충실히 추진함으로써 우리 하동을 문학이 꽃피는 문학의 고장으로 거듭나게 함이 하동군민 모두의 가슴속에 긍지를 심는 일이라고 다짐하면서 한마음으로 단결하였습니다.

소설가 이병주 선생님의 문학정신을 드높이는 기업 사업이 하동군민들의 열렬한 성원으로 내년에도 계속될 뿐만 아니라 해가 갈수록 빛을 내어 「이병주 문학제」로까지 발전시켜야 하겠습니다.

이 일은 기필코 추진되어야 하겠기에 유족들과 종친분들 그리고 이병주 선생님과 관련 있는 학교와 문학단체, 문학인, 신문 · 잡지사들 그리고 제자 분들께서도 함께 힘을 모아야 하겠습니다.

마지막으로 이병주 선생님을 마음 깊이 존경하시고, 우리나라에서 이병주 선생님의 소설을 가장 깊이 연구하시는 경희대 김종회 교수님을 비롯한 서울대 김윤식 교수님, 임헌영, 정호웅, 최동호, 이재북, 서하진, 배기환, 김수이, 홍용희 님 등 나림 선생님을 사랑하시는 분들의 문학 심포지엄을 설레는 마음으로 기대하면서 오늘 이 자리에 만장하신 여러분들의 뜨거운 협조에 대하여 머리 숙여 감사드립니다. 고맙습니다.

2005년 4월 7일

평설__

고향사랑 위에 펼친 언어적 그리움

박 래 흥 현대문예 주간, 광주문인협회 부회장

최증수 시인의 작품을 통해 아름다운 섬진강변 송림에서 뛰어놀던 어린 시절 모습이 훤히 보인 것 같아서 좋았다. 정이 넘치고 정서와 그리움이 넘치는 인간적인 소년이었고 중년이었고 노년이었다는 것을 발견할 수 있어서 좋았다. 깊은 思考, 시적 자유와 다양한 수사법을 자연스럽게 활용한 최증수 시인의 시는 우리 모두를 사유의 깊은 숲속으로 안내한다.

60년대의 향토적 정서를 잘 드러냄으로써 고향을 떠나고 나를 잃어버린 현실 속에서 옛 추억을 통해 나를 찾고 친구와 고향의 정을 찾고자하는 작가의 노력이 곳곳에 스며 있다. 청소년시절 마을 뒤에 병풍처럼 둘러쌓고 있는 지리산자락에 진달래꽃 피면 동네 처녀와 사랑을 속삭이고 소쩍새 울면 내려 왔던 순수한 사랑을 직접 보는 것 같아 가슴이 뛰고 흐뭇하다. 마을 앞 섬진강에서 물고기 잡고 물장구치던 청소년시절의 사랑과 추억, 고향 친구의 그리움, 고향의 정서와 낭만을 모르고 자라난 메마른 지금의 청소년들에게 정이 넘치고 순수한 사랑과 추억이 있는 고향으로 돌아가라는 메시지를 전하고 있다. 재미있고 진실하고 미래의 비전을 제시하며 아름다움을 창조하는 시의 본질에 충실한 최증수 작가의 시를 좋아하지만, 나는 그보다 더 최증수 작가의 인간다운 삶, 아름다운 삶을 더 좋아하고 사랑한다.

하동 땅에 흘러온
백두대간 기운으로
發福 깃발 휘날리니
하늘의 뜻인가
큰 인물 이어 나고,

선유동천 이상향의
산, 강, 바다와
不二鄕 신바람이
청학 깨워 춤추니
하동은 한국의 별천지.

높고 큰 시선으로
하동 사람 자랑하듯
첨단 산업 일으켜
살기 좋은 터전에
위대한 새 도시 세워

한다사의 꿈 빛내는
당당한 기백의 선비들
자신의 뿌듯한 삶 살며
불타는 애향심으로

하동 정신 꽃 피운다.

_〈하동찬가·5〉 전문

선유동천 이상향의/산, 강, 바다와/不二鄕 신바람이/청학 깨워 춤추니/하동은 한국의 별천지라고 말하는 최증수 시인의 〈하동찬가 · 5〉는 지리산자락 자연의 아름다운 풍광과 섬진강 물 흐르는 소리와 하동 송림의 향기 짙게 풍기는 그의 시어가 보여주는 감수성이 동시대 문학의 시류時流를 이끌어 갈만하다고 생각했다. 이〈하동송림의 마음〉 작품집은 시를 오래 사랑해온 사람의 사유로 써온 정말 詩다운 詩를 내 가슴에 안아 본다.

최증수 제4시집 표제〈하동송림의 마음〉에 1부〈하동사랑〉10편, 2부〈송림사랑〉10편, 3부〈인생의 단편〉15편, 4부〈하동송림의 마음〉41편 주옥같은 76편의 시가 모여 여기 새로운 출발을 한다.

인간들의 세상에 증기기관차가 출현하고 산업혁명이 열리더니 에디슨이 발명한 전기에서 컴퓨터의 출현을 거치고 IT에다 AI의 진전으로 인간은 인간이 만든 그 많은 기계에서 발생된 여러 충격들을 조심조심 견뎌가고 있다. 이 같은 일들은 머잖아 더 많은 풍속으로 이어질 조짐이며 그리되면 기계가 문학을 창작하는 시대 또한 예견할 수 있을 것이고(지금도 진행 중이지만) 그때의 문학을 일찌감치 '구조의 문학'이라 명명해 둔 상태이다. 인간이 기계의 기능을 만들고 그 기능에다 해당 자료를 투입하기만 하면 이야기는 얼마든지 풀어내거나 엮어지는 시대에 우리 모두가 들어서고 있다는 사실이다.

뜨거운 숨결의 내륙 항구 하동포구는요
내 눈에 처음 지구에서 오직 한 곳
두꺼비가 나라 지킨 성스러운 현장이요
진시황도 보고팠던 천혜자연 별천지라
천지만물 깨어나고 하동천사 노래 하니
지리산의 높은 정기 우렁우렁 울연하고
오대양 힘찬 물결 남해가 펴 올린다
애타게도 섬진강의 옛이야기 그리웠나
이상향 꿈꾼 신선 청학동 찾아오자
『토지』의 박경리와 이병주의 『지리산』과
범패와 동편제로 희로애락 달아올라
하동의 푸른 미래 햇살처럼 빛날 줄이야!
어기여차 에여라차 영호남이 함께 웃는
부모님의 품속에서 곱게 자란 자식들이
금자동이 공부시켜 국가동량 기르시며
농사짓고 고기 잡아 살림살이 넉넉하고
가족 같은 이웃 인정 모두모두 얼씨구나
꽃이 피니 나비 오듯 봄이 주는 기쁨인양
벚꽃이 폭발하니 배꽃들은 더욱 희고
관광객 어쩌자고 몰려와서 즐기는가?
갈피 모를 그리움은 청산에서 생기발랄
세세연년 강과 들이 풍요 속에 풋내 띠고
부얼부얼 하동사람 오감 소풍 신바람 속
삼삼오오 떼를 지어 순정 추억 깔깔대는
천하제일 삼포지향 사랑하는 기쁜 마음
철든 하동포구 자랑삼아 이야기 한다네요.

_〈하동포구 이야기〉 전문

진시황도 보고팠던 천혜자연 별천지라/천지만물 깨어나고 하동천사 노래하니/지리산의 높은 정기 우렁우렁 울연하고/오대양 힘찬 물결 남해가 펴 올린다는 하동 일대의 아름다운 자연, 쌍계사 범종소리가 신선을 모셔오고 청학을 깨워 춤추니 신바람이 난다는 삶의 소재들이 그 중심이 되어 신선의 세계 같은 느낌이 들어서 그 고향 하동이 주는 의미가 어느 정도인지 가늠하게 된다.

필자는 언제부턴가 문학도 일종의 권력이란 생각에 골몰하곤 한다. 문학을 통한 고향사랑, 고향 그리움, 물아일체의 관심사야말로 그 무엇에도 우선하는 인간만의 언어적 권력에 참여하는 특별한 일이고 그 권력을 수행하는 중심에 인간이 자리 잡고 있다는 생각이다.

• 알파고도 영혼의 푸른 감동을 노래할 수 있을까

로봇이 인간의 노동을 대신하게 되면 사람들은 더 많은 여가를 활용하면서 이를 즐기기만 하면 되는 인간만의 시대를 기대하고 있다. 이미 감정을 가진 Humanoid도 출현하였고 이의 역할이 어느 만큼의 재앙으로 이어질 것인가는 면밀히 점검해야 할 시점으로 가고 있다.

그렇다면 우리 인간을 그토록 공포스럽게 생각한 알파고에게도 과연 최증수가 누리는 그리움이 있기는 할까. 갈한 자가 물을 찾듯 알파고에게도 절체절명의 사랑이란 게 있을까. 알파고도 사람처럼 해지는 저녁이면 연기 나는 마을을 찾아 어디론가 길 떠나가고 싶은 고향이 있을까. 형제자매를 생각하는 핏줄의식과 강보 위의 포근한 품을 그리는 그 간절한 고향사랑의 노래가 있을까. 아니다, 아니다, 더더욱 직핍한 표현으로 그 잘난 알파고에게도 무한사랑을 감득한 절대자에의 기도가 어디까지 가능할까. 이 지상에서 그 무엇과도 비교할 수 없는 인간만의 특권인 '고향사랑, 고향 그리움'을 향하여 두 손 모아 기도하는 영혼의 푸른 언어를 감동의 운율로 노래할 수 있겠는가 하는 점이다.

지리산과 백두대간 정기 받은
산과 강 그리고 바다 있어
삼포의 이상향인 별천지에서
하늘과 자연에 순응하는
토속의 참 일꾼 하동 농부.

건강하며 인심 좋고 인정 많아
사람마다 집집마다 웃음소리
들판마다 마을마다 비닐하우스
세계 최초라며 자랑하는
드론으로 첨단 농사 부자 농부.

감, 밤농사와 배, 매실 재배
세세연년 어거리풍년 기뻐하고,
편편옥토에서 잘 자라 풍성한
무, 배추, 파, 감자, 시금치, 토마토
야생차, 산나물, 산양삼, 양다래
고사리, 도라지, 옥수수, 산딸기
비나리, 양싱추, 아로니아, 블루베리
달착지근 달곰새금하여
풍미 좋고 영양 많아 몸에 좋은
산골향기 토경 재배 자연식품.

넓은 들과 심산계곡 자연 방사
토종 한우와 한돈과 흑염소를
발효 솔잎, 푸성귀로 살찌우니
농업교과서 첫 머리에 쓰일
자연 농법의 하동 농부 좌뜬다네.

_〈하동 땅 하동 농부〉 전문

최증수 시인의 시편 전체를 알파고가 영혼의 푸른 언어로 감동의 운율로 노래할 수 있겠는가 하는 생각 속에서 독서하였고 최시인의 언어가 고향사랑, 고향 그리움의 형식을 빌려 시적화자와 하동의 자연이 하나가 되는 물아일체物我一體의 노래들이란 결론을 얻었다. 이들을 가감없이 독서하면서 그 느낌의 일부를 담아내는 것이 필자에게 맡겨진 마땅한 소임일 터이다. 그러기에 이 자리에서 "인간이 곧 문학"이라는 부폰이나 "그 나무에 그 열매" 라는 레온 에델의 명제는 변개할 수 없는 문학탐구의 고전적 아포리즘이고 최증수 시인에 대한 우리의 독서 또한 여기에서 출발한다.

현대시 창작에서 가장 중요한 것은 대사물代謝物에서 감응하면서 매료하는 이미지의 창출은 대체로 광범위한 상상력에서 發興한다. 이렇게 發興된 시적 대상이 주제와 연결되면서 언어의 한계에서 오랜 기간 머물면서 곰삭아야 한다. 또 시의 표현에는 직유와 은유를 사용하게 되는데, 요즘 많은 시인들은 은유의 기법으로 약간 난해한 상황으로 전개하여 간혹 어리둥절하게 하는 경우를 대할 때가 있다. 이러한 시법도 어떤 사물을 의인화해서 화자를 인칭대명사로 전환하는 예를 많이 볼 수 있다.

문학은 인생을 말하고 세상을 말하는 언어예술이며 예술성을 빼고 작가의 실제적 사실 탐구만으로 말하자면 문학은 인간학이고 사회학이다. 그리고 그 인간학과 사회학에서 제시된 총체적 과제가 아픔이나 슬픔이라면 이에 대한 답도 따라야 한다. 위무하고 치유하는 공리적 기능도 따르는 것이 바람직하다. 그 방법이 사상이고 철학이다.

파랑새가 찾아오는
하늘아래 별천지에
푸른빛깔 더욱고운
낙락장송 솔밭천지
꼬마들은 왁자지껄
젊은이들 모두쌍쌍
웃는얼굴 예쁜마음
풍류랑이 시를쓰고
오대양의 거친숨결
하동포구 감싸주니
덩실대는 하동송림
온몸으로 기뻐한다

오는봄이 손뼉치면
짙은녹음 내려앉아
다정스런 모습으로
푸른노래 읊조리니
솔가지는 팔랑팔랑
솔뿌리도 삐웅삐웅
하동젓줄 섬진강물
파란물빛 더욱맑아

오대양의 힘찬기운
하동포구 받쳐주며
푸른솔을 보듬으니
하동송림 덩실된다

_〈덩실대는 하동송림〉 전문

덩실대는 하동송림/온몸으로 기뻐한다//오는 봄이 손뼉치면/짙은 녹음 내려앉아/다정스런 모습으로/푸른 노래 읊조리고/솔가지는 팔랑팔랑/솔뿌리도 삐웅삐웅/하동젖줄 섬진강물/파란물빛 더욱맑아/오대양의 힘찬기운/ 형태의 4 · 4조는 조선시대에 광주 · 전남에서 유행가처럼 번져갔고 번창했으며 백광홍의 관서별곡, 정극인의 상춘곡, 송순의 면앙정가, 김만중이 '서포만필'에서 조선시대의 최고의 문장이라 했던 정철의 사미인곡 속미인곡과 같은 4 · 4조의 가사체 형식으로 물아일체의 사상 감정을 상징법과 의인법으로 잘 표현했다.

중국문학사의 대표 평론가인 김성탄이나 서양의 낭만주의 시인인 쉘리의 생각을 빌려서 시인을 창조주 다음 가는 존재로 이야기해오곤 한다. 〈덩실대는 하동송림〉이 작품에서도 바로 창조주의 손끝으로 읽어도 좋겠고 창조주가 세상 만물을 지을 때 부족했던 부분을 보충하는 존재가 시인인 것을 논거 삼을만한 작품으로 읽었음이다.

시인 묵객들이 詩想 다듬던
섬진강가의 백사와 청송은 세 박자

강물이 흐르다 리듬 타면
백사와 청송은 덩달아 신나고
강 박자로 강물의 첫 소리 요란하자
백사와 청송이 수그러지고 약해진다
강약약의 반복 리듬이 어울려
경쾌한 세 박자 스텝 시작되면
유람 온 벗님들 신바람 나
목청껏 옛 노래 부르며
어여차 에여라차
즐겁게 圓따라 어깨춤 출 때
춤추는 아이답게 무동산이 왈츠 추고
솔바람과 푸른 기운이 따른다며
나뭇가지 사이로 휘젓고 다닌다
강물이 때때로 백사를 목욕시키면
감동한 백사는 은빛으로 반짝이고
청송은 둘의 우정에 박수치니
봉사와 빛남과 응원의
세 박자 타령이라며 무동산이 웃는다.

_〈세 박자 타령〉 전문

시인 묵객들이 詩想 다듬던/섬진강가의 백사와 청송은 세 박자/강물이 흐르다 리듬 타면/백사와 청송은 덩달아 신나고 시인은 고백을 빌어 자신의 고향을 신선의 세계처럼 아름답고 재미있게 노래한다. 이만한 풍류면 최증수 시인의 언어도 엔간한 가락과 솜씨를 얻었다고 할 것이다. 섬진강과 지리산을 장기짝처럼 들썩거리는 최증수 시인의 풍류는 고향사랑 자연사랑이요, 고향자랑의 단수가 높다는 생각이다.

그러나 세상은 항시 상대적인 것이어서 우리 모두의 고향은 먼 조상 때부터 자자손손이 가난으로 살아온 "이골 난 땅"이기도 하다. 그런 터에 너나없이 떠나 살다가 돌아온 고향을 생각하면 그 아름다움이나 간절함이 더없이 크다. 달을 최초로 탐험한 릴 암스트롱이 달에서 지구로 향할 때 그리도 아름다운 푸른 공 덩어리가 '지구' 였다고 한다. 모두가 떠나거나 지나보면 아름답지 않은 게 없다. 그러나 그 한 많은 가난의 세월을 생각하면 산야를 뒤덮던 진달래꽃에 자운영 꽃밭은 별처럼 많았다고 말할 밖에 없겠다. 헤아리자면 한이 없겠지만 더 이상은 살아갈 방도가 없어 새끼들을 매달고 고모령 넘듯이 밤기차를 타고 야반도주한 우리들의 아픈 고향이 자리 잡고 있다.

그 아름답던 낭만의 현장인 고향은 왜 그리 하루가 다르게 비어만 가는 것일까. 저 푸른 초원 위에 그림 같은 집을 짓고의 현장은 노래 가사에나 살아있는 신기루일 뿐 현실은 많이도 아프다는 사실이다. 화자인 시인에게도 지금 이 시간의 섬진강과 지리산을 병풍 두른 무릉도원이 하동마을이건만 그것은 한낱 회상 속을 흐르는 그리움의 강물일 뿐 서러운 보릿고개의 추억들이나 추억거리는 가슴 아픈 현장이 되어버린 지 오래다.

인생의 心通 찾다가 만난
그림자의 삶 사신 어머니
하늘과 운명 말하지 않았지만
나무 그늘은 어찌나 좋아하시든지
뜨거운 한 낮에 보리밭 매다가

찬 물 한바가지 들고 찾은 곳

초록의 빛깔을 곱씹어 보게 하듯
찾아낸 보이지 않는 싱싱함을
마음으로 받아 속으로 삭인 그늘
아무도 모르는 땀과 눈물 배인
살결이 거슬리고 탄 생명의 일터요
맘 편히 누리시는 시원한 안식처

어머님 숨결이 곧 내 집인데
새 옷과 큰 정성의 정화수로
갈 수 있을 때 가도록 빌어주는
한량없는 그늘의 한 평생 덕분에
용기와 끈기로 운명 끌어안고
자신의 아름다움 가꾸는 자식들.

_〈그늘과 어머니〉 전문

뜨거운 한낮에 보리밭 매다가/찬 물 한바가지 들고 찾은 곳//마음으로 받아 속으로 삭인 그늘/아무도 모르는 땀과 눈물 배인/살결이 거슬리고 탄 생명의 일터요/맘 편히 누리시는 시원한 안식처. 이 작품을 읽고 있노라면 산밭에서 참깨 털다 자취하는 아들 생각에 상경上京한 어머니가 아들이 좋아하는 공원 앞 돼지국밥을 그것도 한 그릇만 시켜놓고 자신은 먹고 왔다며 아들에게만 권하는 어머니 모습이 눈에 보이는 듯하다. 허리가 휘인 어머니는 눈물만 삼키고도 배가 부를 만큼 낮은 자리만을 골라가며 자식들의 이 걱정 저 걱정에 편한 날이 없었다. 근면과 근검에다 헌신과 희생만을 보탠 아이콘이 바로 어머니인 것은 인류의 역사가 고스란히 동의하는 일이다. 지난 세월의 허기진 삶은 힘들기만 했다. 그래도 어머니는 인내하고 관용하고 헌신하면서 가정의 대소사를 일으키고 인류의 오늘을 만들어왔다. 어머니의 감내와 헌신이 없었다면 어찌 이 지상의 역사가 오늘처럼 만들어졌을까.

시간의 서사성이 고스란히 읽히는 이 작품에서 내 자신의 지난날이 주마등처럼 스쳐지나가는 것을 느꼈다. 정말로 우리네 유년은 배부른 세월이 그리도 그립기만 한 하나의 유토피아였다. 흔히들 등 다습고 배부른 세상을 정치의 이상으로 칭송하던 때의 일들은 요즘 사람들의 생각에는 감히 상상도 못할 일이었다. 그런 의미에서 어머니는 종족과 시대를 초월하는 존재이며 우리들의 마음속에 종교처럼 거룩한 정신세계를 떠받히고 있다. 그래서 일평생을 땅만 파며 일개미처럼 살아오신 어머니라는 존재성은 지상의 시간이 존재하는 한 영원하리라는 생각이다. 그리고 이는 비단 필자만의 생각일지 모르겠는데 우리 시대의 어머니는 하나같이 낭자머리를 하셨다. 그 어머니와 요즘 파마머리 어머니와는 그 구분이 확연하다는 생각이 들만큼 우리들의 어머니는 위대했었다.

> 편안함이 게으름 타더니
> 옳지 않는 것 믿는다면
> 두려움 겁내는 삶처럼
> 누가 봐도 덜된 인생
> 한창 때라도 딱하고,
> 평소 빙시레 웃는

수연한 내 얼굴이
갑자기 큰 벼락 맞아도
상상하고 꿈꾸는 진실은
옳은 것이기에 의심 않고
벅찬 삶에 짓눌려도
꿈 찾아 사막도 헤맨다
겨울이 우릴 가깝게 만들 듯
작은 힘이라도 보탠다고
재해로 집 잃은 사람의
큰 사고 위로한 뒤
남 먼저 아픔을 공감한
이웃 돌보는 사랑은
누가 봐도 참된 인생
늙어가도 아름답다.

_〈참된 인생〉 전문

편함이 게으름 타더니/옳지 않는 것 믿는다면/두려움 겁내는 삶처럼/누가 봐도 덜된 인생/재해로 집 잃은 사람의/큰 사고 위로한 뒤/남 먼저 아픔을 공감한/이웃 돌보는 사랑은/누가 봐도 참된 인생/늙어가도 아름답다. 이 작품의 내면에는 사람은 절대 경제력이나 겉모습만 보고 평가하지 말라 화두로 얹었다. 사람이 경제적으로 여유가 있고 배가 부르고 편안하면 게으름 타는 것이니 언제나 정신을 차리고 근면하고 검소하라고 경고한다. 두려움을 겁내는 삶은 누가 봐도 덜된 인생이다. 나무는 태어난 곳이 절벽이든 자갈밭이든 고향을 탓하지 안 듯 우리도 아무리 환경이 좋지 못해도 절망하지 말고 상상하고 미래의 꿈을 찾아 피땀 흘리며 사막도 헤매야 한다고 강조하고 있다. 겨울이 우릴 가깝게 만들 듯 작은 힘이라도 서로 보태며 더불어 살아가자고 한다. 지진이나 화재로 집 잃은 사람이나 장마 폭우폭설로 생명을 잃은 희생자 가족, 세월호 희생자 가족, 이태원 희생자 가족, 이런 큰 사고 희생자 가족들을 위로하고 남 먼저 아픔을 공감하며 이웃을 돌보는 사랑은 누가 봐도 참된 인생이며 이렇게 늙어가는 것은 아름다운 삶이라고 강조한다.

언어에는 형식과 내용을 넘어 일정한 감정을 담고 있다. 문자 언어는 문체를 통해서 필자의 개성을 실감할 수 있다. 이를 언어의 '질감質感'이라 할 수 있다. 언어의 질감은 말하는 이의 감정 기복이 고스란히 담겨있어 질감은 말의 의미를 확충하는 중요한 요소가 되기도 한다.

서정문학인 시에 진술된 시어의 일차적 의도는 의미 전달에 있는 것이 아니라, 바로 감정 전달에 있다는 점을 간과해서는 안 된다. 감정 선을 건드려 독자에게 접속하기 위한 시도를 우선한다. 이런 이유로 시의 언어에는 매우 다양한 방법으로 말의 질감을 활용하여 시를 정서적 산물이게 한다.

맞바람과 맞는 바람이 서로 같지 않듯
신나게 불러도 내 노래는 가수와 다르고
방긋 웃는 인사도 나팔꽃에는 못 미친다네

따뜻한 마음으로 다가서도 확 피할 때
인종과 국적 따라 사람 얼굴 달라서
더 알고 싶어 크게 눈떠도 외국인은 낯설고

사람마다 버릇된 좋고 나쁜 습관 있지만
너무 좋아하고 아주 싫어하는 고약한 버릇은
남의 눈 밖에 난 이해 못할 별난 일

말해야 할 것과 안해야 할 것 모른다고
자기와 생각이 다르니 어울리기 싫다며
서로를 차별하고 전혀 신경 안 쓴다네요

잘못과 후회가 덕지덕지 붙어 있어도
같은 것과 다른 것을 생각하면서
나를 구별하는 것들과 친해져야겠다.

_〈나를 구별하는 것들〉 전문

말해야 할 것과 안해야 할 것 모른다고/자기와 생각이 다르니 어울리기 싫다며/서로를 차별하고 전혀 신경 안 쓴다네요//잘못과 후회가 덕지덕지 붙어 있어도/같은 것과 다른 것을 생각하면서/나를 구별하는 것들과 친해져야겠다. 자기성찰과 적확한 표현이 형상화될 때 시가 주는 감동은 매우 크다. 성찰과 유년의 기억을 매개로 자신의 시적 세계와 존재의 근원을 탐색한다. 자기반성의 거울로 시를 쓰는 것이며 자기 정화의 방법으로 시를 쓴다. 내 안의 잠자는 흥을 깨워서 삶의 유약으로 바른다.

시는 고독하고 고단한 삶을 살아가던 사람들에게 한 줄기 구원의 빛으로 작용하였다. 이처럼 위안으로, 자기 구원으로써 시의 힘은 그 시대에 대응하고 그 시대 민중의 삶을 위무慰撫해야 한다. 시는 정서와 상상의 미학, 은유와 이미지의 창출, 음률의 미학이 필수 요건이라는 점을 상기할 때

지나친 서술적 표현이나 직설적 표현들에 유의해야 한다.

멋진 작품뿐 아니라 멋진 인생을 만들기 위해서도 현실과 상상력의 결합이 필요하다. 현실과 상상력 사이가 처음에는 아득해 보이지만 어느 순간 하나가 되어 '상상의 세계'가 '현실의 세계'로 바뀌어 있음을 발견하게 된다. 그런 능력을 갖게 하는 '예술적 지성'은 독서, 명상, 여행 등을 통해서, 특히 좋은 사람, 좋은 경험과의 만남을 통해 높여 갈 수 있다.

마음에 소나무 심는
삶의 기쁨 찾다가
초록세상 만나는 행운
사랑한다 푸른 송림
낙락장송 *태양송아!
아기 때나 커서나 평생
눈만 뜨면 달려가고
발걸음 떼면 송림으로
내가 한 일 그것 뿐
타오르는 시심과 함께 한
오, 나의 친구여!
나의 숨결 나의 기쁨
너는 내게 바라는 것 없지만
나는 너의 품속에서
그늘의 아름다움 드러내는
한 그루 소나무로 우뚝 서
푸른 기운 뽐내리라!

*태양송: 송림 홍송의 새로운 이름

_〈하동송림의 마음·1〉 전문

마음에 소나무 심는/삶의 기쁨 찾다가/초록세상 만나는 행운/사랑한다. 푸른 송림/낙락장송 *태양송아!/아기 때나 커서나 평생/눈만 뜨면 달려가고/발걸음 떼면 송림으로/내가 한 일 그것 뿐/타오르는 시심과 함께 한/오, 나의 친구여! 〈하동송림의 마음〉은 이 작품집의 표제작이다. 뭐랄까, 반드시 표제작이 그 작품집을 내세우는 대표작은 아니지만 〈하동송림의 마음〉 41수는 미움 뒤에 찾아온 그리움처럼 여타 작품들을 거느릴만한 대표작의 여지가 충분하다. 우선 이 작품은 가정법에서 그 진술을 이어간다. 그리고 그 〈하동송림의 마음〉은 항용 여러 기다림을 동반한다. 사랑에서 기다림은 연유된 경우가 많으며 사랑에 까탈이 붙어서 미움으로 발전하는 것을 주변에서 흔히 볼 수 있다.

최증수 시인은 눈만 뜨면 달려가고 발걸음 떼면 송림으로 내가 한 일 그것 뿐이라고 했으니 평생 송림과 함께 고향사랑을 밑천삼아 살아가는 존재이다. 만약에 시인에게 고향사랑이 바닥나면 그때는 백수건달이기 십상이다. 그 고향사랑이 이 많은 세월을 설렘으로 떠있기에 밤을 새워 애태우며 잠재웠던 것이다. 만약에 시인에게 이 같은 고향사랑의 감정이 존재하지 않았다면 어찌 그 무한천공을 채우고도 남을 그 하동송림 사랑을 노래할 수 있겠는가. 시인이 이 작품에서 독자에게 읽히려는 중심 메시지는 동일항목에서 필자는 이 두 개의 시행을 살피면서 최증수 시인의 언어가 참으로 결곡하다는 사실에 이르렀다. 여기에 오기까지 시인은 마음 속 깊은 곳에 샘물처럼 찰랑이던

고향사랑 하동송림 사랑이 밤을 새워 파도처럼 황혼과 섬진강을 철썩였던 것이다.

세월이 흐르면서 사람은 몸도 마음도 사랑도 모두가 변하기 마련인데 최증수 시인이 남긴 명작 〈하동송림의 마음〉만은 시간의 흐름에도 변색 없는 감동과 울림을 주는 명작 중에 名作 문학작품으로 남을 것이다.

온 몸과 정성으로 키우기 수백 년
소나무만 바라보는 송림은 외눈박이
무엇이든 기쁘게 받아주는
따뜻한 마음으로 소나무 본다네

산신이 불 끄러 오고 용왕이 물주는
자색 안개 탄 목신이 내려앉은 신성수의
비바람에도 끄떡없이 대지에 못 박은 뿌리와
땅의 온기와 단물 맛에 취한 뿌리
용오름 흉내 내며 하늘 오르는 수간과
생긴 대로 휘어져 꿈틀거리는 수간
햇볕 모시려 아늑한 공간 꾸미는 가지와
집안 신성케 하는 금줄에 꿰인 가지
사철 늘 푸른 꿋꿋한 기상의 잎과
짝으로 되어 행복한 혼인을 상징하는 잎

가슴 데우는 한 편의 시처럼
소나무의 모든 것 좋아
소나무와 더불어 살면서
소나무 그늘에서 같이 꿈꾸겠다는 송림
외눈박이 사랑은 천년을 품는다.

_〈하동송림의 마음·16〉 전문

가슴 데우는 한 편의 시처럼/소나무의 모든 것 좋아/소나무와 더불어 살면서/소나무 그늘에서/같이 꿈꾸겠다는 송림/외눈박이 사랑은 천년을 품는다. 석학이요 시인이신 김종길 선생은 시와 삶의 관계를 이렇게 정의했다. “시와 삶의 거리가 너무 가까우면 시가 몰풍정하거나 천박하기 쉽고, 시와 삶 사이의 거리가 너무 멀면 시가 허황하게 들리기 쉽다. 그러므로 시와 삶은 그 거리를 적당히 유지하는 것이 바람직하다.” 이 말은 시에 있어서 현실 삶을 도외시해선 안 되지만 그렇다고 해서 현실 삶 그대로 써도 안 된다는 뜻이다. 최증수 시인처럼 현실 삶을 시적으로 변용해서 승화시켜야 한다는 시론이라고 생각 된다.

멋진 작품을 창조하기 위해서는 우선 상상력이 필요하다. 그러나 그것만으로는 부족하다. 예술적 지성이 반드시 뒤따라야 한다. 예술적 지성이란 현실과 상상력 사이의 점들을 연결할 수 있는 능력이다. 상상력은 가능성을 파악하고, 지성은 그 가능성을 머릿속에서 가공한다.

이 작품에서 시인은 필자는 이 부분을 우리네 생의 전 과정을 여러 방향에서 음미한 좋은 표현이라고 보았다. 생의 도정道程에는 먼 하늘을 향하여 끝날 줄 모르는 그리움을 보내는 존재가 시인이 아니던가. 그래도 시인은 ‘우주 가득 피어오른 만물의 향기 고향의 자연’을 못내 그리워하고 사랑한다.

송림에 가면 마냥 좋아
불쑥 좋은 일 하고 싶다
샛별처럼 쏟아지는 설렘과

솔 순같이 뻗어가는 새로움으로
팔 걷고 바라보는 즐거움
소나무에 꽃이 피는 뜻밖의 착시인들 어떠리
눈부시게 아름다우면 그만이지
번뜻 떠오르는 말 '너는 내 기쁨'
편견 아닌 속마음의 소리요
나만이 느끼는 감동이며 보상
사시사철 늘 푸른 리듬으로
모두를 포근히 안아주는 따스함 속
출퇴근 시간 없는 백수의 여유
이제야 소나무의 언어로 주거니 받거니
나이테의 숨결로 한 글자 두 글자
讚松歌 첫 구절 시작하자
송림이 좋아라 박수치고
솔바람은 폼 잡고 아리아 부르니
소나무가 건들대며 시를 읊조린다.

_〈하동송림의 마음·41〉 전문

· 묘망한 그리움으로 고향사랑을 노래하다

최증수 시인의 〈하동송림의 마음〉은 특징적으로는 우리네 생生의 으뜸 가치인 고향사랑, 고향자랑의 문제를 집념 있게 일군 '자연사랑'의 문학 한 모습을 읽을 수 있었다. 그리고 이 같은 자연의 문제는 그리움과 갈망이라는 심정적 요청에서 비롯된 신심信心의 결과물이며 두루 '사랑'이라는 절대정신이 작품의 바탕을 이루고 있었다. 최증수 시인의 창작적으로 도달한 이 같은 성과는 접근하는 방법이나 통로가 다양했고 이만큼에 다다르고 결실

되기까지는 그가 작품에 담아낸 인식론적 표현이 그 같았다는 말에 진배없겠다.

섬진강 물과 바닷물이 만나는 하동포구에서 미당 서정주 시인의 명문장「침향」을 음미하면서 이 글을 마무리 삼으려 한다. "침향을 만들려는 이들은, 산골 물이 바다를 만나러 흘러내려 가다가 바로 따악 그 바닷물과 만나는 언저리에 굵직굵직한 참나무 토막들을 잠가 넣어둡니다. 침향은, 물론 꽤 오랜 세월이 지난 뒤에, 이 잠근 참나무 토막들을 다시 건져 말려서 빠개어 쓰는 겁니다만, 아무리 짧아도 2,3백년은 수저水底에 가라앉아 있은 것이어야 향내가 제대로 나기 비롯한다 합니다. 천년쯤씩 잠긴 것은 냄새가 더욱 좋지요. 그러니, 질마재 사람들이 침향을 만들려고 참나무 토막들을 하나씩 하나씩 들어내다가 육수陸水와 조류潮流가 합수合水치는 속에 집어넣고 있는 것은 자기들이나 자기들 아들딸년이나 손자손녀들이 건져서 쓰려는 게 아니고, 훨씬 더 먼 미래의 누군지 눈에 보이지도 않는 후대後代들을 위해섭니다. 그래서 이것을 넣는 이와 꺼내 쓰는 사람 사이의 수백 수천 년은 이 침향 냄새 꼬옥 그대로 바짝 가까이 그리운 것일 뿐, 따분할 것도, 아득할 것도, 너절할 것도, 허전할 것도 없습니다."

위의 문장에서 우리는 수백 년이나 천 년을 제 몸 다지기로 생존한 시 시조를 생각할 수 있다. 시 시조는 우리 조상들이 터득한 운율에다 언어적 감동을 담아내는 장르이다. 그리 보면 시 시조는 이제 '침향'의 향기를 보다 광범하게 발산하는 문자행위임을 논의할 수 있겠다.

여기에서 "합수合水치는 속에 침묵을 집어넣는"이는 다름 아닌 시인일 것이요 제대로 향내가 나는 침묵을 '꺼내 쓰는 사람은' 시 시조를 읽는 독자일 것이다. 벌써 500년도 더 지난 시인 황진이의 작품들이 지금 이 시간에도 낡지 않는 감동으로 읽히는 것은 바로 그의 시작품에 스민 침묵의 깊은 향내가 작용한 때문이다. 이처럼 더 먼 미래에 누군지도 보이지 않는 후대들은 '제대로 향내가 나는' 언어로 창작을 한 시인에게 한 사람의 언어제작자로서 얼마나 행복했을까를 생각하리라. 면대하듯 당대에 자신이 쓴 작품들로 이런 저런 평가가 뒤따르는 것도 좋은 일이다. 허지만 그보다 중요한 것은 바로 "따분할 것도, 아득할 것도, 너절할 것도, 허전할 것도 없는" 느긋함으로 오래오래 읽히는 진한 그리움의 시집 한 편을 남길 수 있다면 시인에게 그보다 더 간요하고 영광된 일이 있겠는가를 생각하는 것이다. 그런 의미에서 최증수 시인의 시집〈하동송림의 마음〉 작품들은 우리의 가슴에 이랑이랑 파랑처럼 물결쳐간 인간사랑, 고향사랑에의 작품들이 많았음을 고백처럼 들려주고 싶다.